201 hechos increíbles para niños

Descubre hechos históricos y sorprendentes y los mejores datos curiosos que deberías conocer

GHIA ARYA

Índice

Introducción

¡Bienvenidos a un viaje fascinante a través de los hechos más increíbles y curiosos del mundo y del universo! En este libro, exploraremos diez temas llenos de maravillas y sorpresas que capturarán la imaginación de niños y adultos por igual. Desde las asombrosas maravillas del espacio hasta los misterios de la mitología griega, pasando por los secretos del cuerpo humano y los rincones más impresionantes de la naturaleza, cada página está repleta de datos que asombrarán y despertarán tu curiosidad.

Nuestro viaje comienza con curiosidades sorprendentes que desafían la lógica, antes de sumergirnos en los asombrosos procesos que mantienen vivo y funcionando el cuerpo humano. Descubriremos la diversidad de la gastronomía mundial y exploraremos la riqueza geográfica del planeta. También, nos adentraremos en los mitos y leyendas de la antigua Grecia, desentrañando historias que han cautivado a la humanidad durante milenios. Conoceremos la majestuosidad de la naturaleza, desde los bosques hasta los océanos, y celebraremos la magia del cine que nos transporta a mundos fantásticos. Los deportes nos mostrarán hazañas humanas extraordinarias, mientras que el espacio nos revelará los secretos del cosmos. Finalmente, visitaremos lugares del mundo que han dejado una marca indeleble en la historia y la cultura.

Este libro no solo es una colección de hechos y datos, sino una invitación a explorar, aprender y maravillarse con el mundo que nos rodea. Así que, prepárate para una aventura educativa y emocionante.

Curiosidades

1

Los delfines tienen nombres únicos para llamarse entre sí.

Los delfines son conocidos por ser criaturas muy inteligentes y sociales. Una de las cosas más asombrosas de estos mamíferos marinos es su capacidad para identificarse entre sí con un sonido único, parecido a un nombre. Este "nombre" es un silbido especial que cada delfín desarrolla cuando es joven y lo mantiene toda su vida. Cuando los delfines se encuentran en el océano, pueden llamarse por sus nombres usando estos silbidos, permitiéndoles reconocerse y comunicarse incluso a largas distancias. En estudios realizados, se ha observado que los delfines responden de manera diferente a los silbidos de los delfines con los que tienen lazos sociales cercanos, mostrando una especie de amistad entre ellos. Esta habilidad de los delfines no solo es fascinante, sino que también subraya la complejidad de la vida marina y la inteligencia animal.

2

Los árboles pueden comunicarse entre sí a través de sus raíces.

Los árboles, aunque parecen ser seres solitarios y estáticos, en realidad forman una compleja red de comunicación bajo la tierra. Esta red es conocida como la "Wood Wide Web" y funciona a través de un sistema de raíces interconectadas y hongos llamados micorrizas. A través de este sistema, los árboles pueden enviar señales químicas a otros árboles para advertirles de peligros como plagas o sequías. Cuando un árbol está bajo ataque por insectos, puede liberar ciertas sustancias químicas a través de sus raíces que alertan a los árboles cercanos para que produzcan compuestos defensivos. Además, los árboles más viejos y grandes pueden "compartir" nutrientes con los árboles más jóvenes y pequeños que están en necesidad, ayudándolos a crecer en un proceso de colaboración que es vital para la supervivencia del bosque. Este descubrimiento ha cambiado la forma en que entendemos los bosques y su ecología, demostrando que los árboles no son competidores aislados, sino miembros de una comunidad interdependiente. Los científicos continúan investigando esta red subterránea para comprender mejor cómo los árboles se comunican y cooperan, y cómo esta interacción afecta la biodiversidad y la salud de los ecosistemas forestales.

3

El corazón de un camarón está en su cabeza.

Una de las características más sorprendentes de los camarones es la ubicación de su corazón, que se encuentra en su cabeza. Esta peculiaridad anatómica se debe a que, en los camarones, la cabeza y el tórax están fusionados en una única estructura llamada cefalotórax. En esta sección del cuerpo es donde se alojan la mayoría de sus órganos vitales, incluido el corazón. Aunque parezca extraño que su corazón esté en su cabeza, esta disposición anatómica es bastante eficiente para sus necesidades biológicas. Además del corazón, los camarones tienen un sistema circulatorio abierto, lo que significa que su sangre no fluye a través de vasos sanguíneos como en los humanos, sino que baña directamente los órganos internos. Esto permite una distribución más rápida de oxígeno y nutrientes en su pequeño cuerpo.

4

Los caracoles pueden dormir hasta tres años.

Los caracoles son criaturas fascinantes que tienen una capacidad asombrosa para adaptarse a condiciones ambientales adversas. Una de sus adaptaciones más impresionantes es la habilidad de entrar en un estado de hibernación prolongada, que puede durar hasta tres años. Esta hibernación ocurre generalmente en respuesta a condiciones extremas como la sequía o la falta de alimento. Durante este período, los caracoles se retraen en sus conchas y reducen su metabolismo al mínimo, conservando energía y humedad. Este estado de latencia se llama estivación cuando ocurre en respuesta al calor y la sequía, e hibernación cuando es debido al frío. Durante estos largos períodos de inactividad, los caracoles pueden sobrevivir sin comida ni agua, lo que les permite esperar a que las condiciones mejoren antes de reanudar sus actividades normales.

5

Las estrellas de mar pueden regenerar sus brazos.

Las estrellas de mar, también conocidas como asteroideos, son criaturas marinas que poseen una notable capacidad de regeneración. Una de las características más sorprendentes de estas criaturas es su habilidad para regenerar brazos que han perdido debido a depredadores o accidentes. Este proceso de regeneración comienza con la cicatrización del área dañada, seguida por el crecimiento de nuevas células que gradualmente forman un nuevo brazo. Lo más impresionante es que algunas especies de estrellas de mar pueden regenerar un brazo entero incluso si sólo queda una pequeña parte del brazo original. Además, en ciertas especies, si el brazo perdido contiene parte del disco central, puede regenerar un cuerpo completo. Este proceso puede tomar desde varios meses hasta años, dependiendo de la especie y del tamaño del brazo que se está regenerando. La investigación sobre la regeneración de las estrellas de mar también ha inspirado estudios científicos en medicina regenerativa, buscando maneras de aplicar estos principios a la curación de heridas y regeneración de tejidos en humanos.

6

Las hormigas nunca duermen.

Las hormigas son insectos fascinantes conocidos por su increíble organización social y sus incansables hábitos de trabajo. Una de las curiosidades más sorprendentes sobre las hormigas es que nunca duermen en el sentido en que lo hacen los humanos. En lugar de tener largos períodos de sueño, las hormigas tienen breves micro-siestas que duran solo unos minutos. A lo largo del día, estas micro-siestas suman un total de aproximadamente

4 horas de sueño. Este patrón de sueño fragmentado permite a las hormigas estar activas casi todo el tiempo, lo que es crucial para el funcionamiento eficiente de la colonia. Las hormigas obreras, por ejemplo, pueden seguir trabajando en tareas vitales como la recolección de alimentos, el cuidado de las crías y la defensa del nido sin necesidad de largos períodos de descanso. Esta capacidad para mantener un estado de alerta constante es una de las razones por las que las colonias de hormigas son tan exitosas y resilientes. Además, la reina de la colonia también tiene un patrón de sueño similar, lo que le permite seguir poniendo huevos y asegurar la continuidad de la colonia. Este sistema de sueño adaptativo es un ejemplo perfecto de cómo la evolución ha optimizado a las hormigas para sobrevivir y prosperar en diversos entornos.

7

Los flamencos se vuelven rosados por lo que comen.

Los flamencos son aves conocidas por su distintivo color rosa, pero no todos saben que este color es el resultado directo de su dieta. Los flamencos se alimentan principalmente de algas y pequeños crustáceos, como camarones, que contienen altos niveles de pigmentos carotenoides. Estos pigmentos son los mismos que dan color a las zanahorias y otros vegetales anaranjados. Cuando los flamencos ingieren alimentos ricos en carotenoides, sus cuerpos metabolizan estos pigmentos y los depositan en sus plumas, piel y pico, dándoles su característico color rosado. Los flamencos que viven en cautiverio, a menudo no tienen acceso a estos alimentos naturales y, como resultado, pueden tener un color más pálido a menos que se les proporcione una dieta suplementada con carotenoides. El proceso de adquirir su color rosado puede tomar varios años, y los flamencos jóvenes generalmente son grises o blancos hasta que su dieta comienza a influir en su pigmentación. Esta dependencia de los carotenoides no solo es fascinante desde un punto de vista biológico, sino que también resalta la importante conexión entre la dieta de un animal y su apariencia física.

8

Los tiburones son más antiguos que los árboles.

Los tiburones son uno de los depredadores más temidos y respetados del océano, pero también son increíblemente antiguos. Los tiburones han existido por más de 400 millones de años, lo que los hace más antiguos que los árboles, que aparecieron hace aproximadamente 350 millones de años. Esta longevidad significa que los tiburones han sobrevivido a múltiples extinciones masivas y han visto la evolución de innumerables formas de vida en la Tierra. La clave de su supervivencia radica en su capacidad de adaptación y evolución. A lo largo de millones de años, los tiburones han desarrollado características únicas que les permiten ser eficaces cazadores y sobrevivir en una variedad de entornos marinos. Por ejemplo, sus esqueletos están hechos de cartílago en lugar de hueso, lo que los hace más livianos y flexibles. Además, tienen una excelente capacidad para detectar presas gracias a un sistema sensorial llamado línea lateral, que les permite sentir las vibraciones en el agua. Los tiburones también tienen la habilidad de regenerar sus dientes a lo largo de su vida, asegurando que siempre tengan herramientas efectivas para cazar.

9

Las cebras tienen rayas únicas como las huellas dactilares humanas.

Las cebras son conocidas por sus llamativas rayas blancas y negras, pero lo que muchos no saben es que estas rayas son únicas para cada animal, al igual que las huellas dactilares en los humanos. Cada cebra tiene un patrón de rayas diferente, que se forma mientras aún están en el útero. Los científicos creen que las rayas pueden tener varios propósitos, desde el camuflaje hasta la regulación de la temperatura corporal. Una de las teorías más populares es que las rayas ayudan a las cebras a confundirse con su entorno, haciendo más difícil para los depredadores individuales identificar y atacar a una cebra específica. Otra teoría sugiere que las rayas pueden ayudar a disipar el calor en el caluroso ambiente de la sabana africana, creando corrientes de aire que enfrían la piel. Además, las rayas pueden jugar un papel en la comunicación social entre las cebras, ayudándolas a reconocerse y mantenerse unidas en sus grupos familiares. Los estudios también han mostrado que las rayas pueden ser un mecanismo para reducir las picaduras de insectos, ya que los patrones de rayas parecen ser menos atractivos para los tábanos y otros parásitos que transmiten enfermedades..

10

Las avestruces tienen el ojo más grande de cualquier animal terrestre.

Las avestruces son aves imponentes y curiosas, conocidas por ser las más grandes y rápidas del mundo, pero también tienen el ojo más grande de cualquier animal terrestre. El ojo de un avestruz puede medir alrededor de 5 centímetros de diámetro, lo que es más grande que su cerebro. Este enorme ojo les proporciona una visión excelente, vital para detectar depredadores en las vastas llanuras africanas donde viven. Esta agudeza visual es crucial para su supervivencia, ya que les permite detectar amenazas a tiempo y reaccionar rápidamente, ya sea corriendo a velocidades impresionantes de hasta 70 kilómetros por hora o defendiéndose con poderosas patadas. Además, sus ojos están especialmente adaptados para ver en la luz brillante del día y también tienen una excelente visión nocturna, lo que les permite mantenerse alerta en todo momento. La estructura de sus ojos también incluye un párpado especial llamado membrana nictitante, que protege el ojo del polvo y los escombros mientras mantienen una visión clara.

11

Los koalas tienen huellas dactilares casi idénticas a las humanas.

Los koalas, adorables marsupiales nativos de Australia, poseen una característica sorprendente: sus huellas dactilares son casi indistinguibles de las humanas. Tanto es así que incluso bajo un microscopio, las huellas de un koala pueden confundirse fácilmente con las de un humano. Las huellas dactilares de los koalas les ayudan a agarrar ramas y hojas con precisión, lo cual es crucial para su estilo de vida arborícola. Este agarre firme les permite moverse de un árbol a otro con facilidad y alimentarse de hojas de eucalipto, que son su principal fuente de alimento. La presencia de huellas dactilares también indica un alto nivel de destreza manual, lo que sugiere que los koalas tienen un control motor fino similar al de los primates. Esta característica ha llevado a los científicos a estudiar más a fondo las similitudes y diferencias entre los koalas y otros mamíferos en términos de estructura y función de las manos.

12

Las mariposas tienen sus papilas gustativas en los pies.

Las mariposas son criaturas coloridas y delicadas que poseen una característica extraordinaria: sus papilas gustativas están en sus pies. Cuando una mariposa se posa sobre una flor o una hoja, utiliza sus pies para "probar" si el lugar es adecuado para alimentarse o para poner huevos. Estas papilas gustativas especiales les permiten detectar el azúcar en el néctar de las flores, así como otras sustancias químicas en las plantas. Esta habilidad es crucial para su supervivencia, ya que les ayuda a encontrar fuentes de alimento ricas en nutrientes y plantas adecuadas para depositar sus huevos. Las mariposas también tienen una probóscide, una especie de lengua larga y enrollada que utilizan para succionar néctar. Pero antes de usarla, sus pies les aseguran que están en el lugar correcto.

13

Los pulpos tienen tres corazones.

Los pulpos son criaturas marinas asombrosas, conocidas por su inteligencia y capacidad para cambiar de color. Una de las características más fascinantes de los pulpos es que tienen tres corazones. Dos de estos corazones bombean sangre a las branquias, donde se oxigena, mientras que el tercer corazón se encarga de bombear la sangre oxigenada al resto del cuerpo.

Esta distribución del trabajo cardiovascular es crucial para la supervivencia del pulpo en su entorno acuático. La sangre de los pulpos también es única, ya que contiene cobre en lugar de hierro, lo que le da un color azul y mejora la eficiencia del transporte de oxígeno en aguas frías. Los tres corazones del pulpo permiten que este animal sea altamente activo y ágil, moviéndose rápidamente a través del agua y explorando su entorno con una notable flexibilidad. Esta característica también les permite recuperarse rápidamente después de realizar actividades físicamente demandantes, como la caza o el escape de depredadores.

14

Las abejas pueden reconocer rostros humanos.

Las abejas, conocidas principalmente por su habilidad para producir miel y polinizar plantas, también poseen una capacidad cognitiva sorprendente: pueden reconocer rostros humanos. Los científicos han descubierto que las abejas pueden aprender y recordar patrones faciales complejos. En experimentos, las abejas fueron entrenadas para asociar ciertos rostros humanos con recompensas de azúcar y mostraron una notable habilidad para identificar esos rostros entre varios otros. Esta capacidad de reconocimiento es comparable a la de los primates y demuestra el alto nivel de procesamiento visual y aprendizaje en estos pequeños insectos. Las abejas utilizan una combinación de características faciales como la forma de los ojos, la nariz y la boca para distinguir entre diferentes personas. Esta habilidad es útil en su vida diaria para identificar flores específicas y comunicarse con otras abejas en su colmena.

15

Los murciélagos son los únicos mamíferos que pueden volar.

Los murciélagos son criaturas nocturnas fascinantes y son los únicos mamíferos que poseen la habilidad de volar de manera sostenida. A diferencia de otros mamíferos que pueden planear, como algunas ardillas, los murciélagos tienen alas completamente funcionales que les permiten maniobrar con precisión en el aire. Sus alas están formadas por membranas de piel estirada entre sus largos dedos, lo que les da una gran flexibilidad y control durante el vuelo. Esta capacidad de vuelo les permite cazar insectos al vuelo, encontrar frutas o néctar, y migrar largas distancias. Los murciélagos también utilizan la ecolocalización, un sistema de navegación basado en emitir sonidos y escuchar los ecos que rebotan en los objetos, para moverse y cazar en la oscuridad. Esta combinación de vuelo y ecolocalización hace que los murciélagos sean extremadamente eficientes en su nicho ecológico. Además, desempeñan un papel crucial en el control de plagas de insectos y en la polinización de muchas plantas. Existen más de 1,400 especies de murciélagos, lo que demuestra su éxito evolutivo y su capacidad de adaptarse a diferentes hábitats en todo el mundo.

16

Los camaleones pueden mover sus ojos independientemente uno del otro.

Los camaleones son reptiles famosos por su capacidad para cambiar de color, pero otra de sus habilidades sorprendentes es que pueden mover sus ojos de manera independiente. Esta característica les permite tener una visión de casi 360 grados sin mover la cabeza, lo cual es extremadamente útil para detectar depredadores y presas. Cada ojo puede moverse en diferentes direcciones, lo que les permite escanear su entorno con uno mientras enfocan en un objeto específico con el otro. Esta habilidad es crucial para su supervivencia en la naturaleza, ya que los camaleones suelen ser depredadores de emboscada, esperando pacientemente a que su presa se acerque lo suficiente para atraparla con su larga y pegajosa lengua. Además, su visión binocular les permite calcular la distancia con gran precisión, asegurando que no fallen al capturar a su presa. Los ojos de los camaleones también son altamente adaptables a diferentes condiciones de luz, lo que les permite cazar tanto de día como de noche.

17

Las tortugas pueden respirar a través de su trasero.

Las tortugas tienen una adaptación muy peculiar: pueden respirar a través de su trasero, un proceso conocido como respiración cloacal. Durante la hibernación, cuando las tortugas están sumergidas en agua fría durante largos períodos, esta capacidad les permite absorber oxígeno directamente del agua a través de la cloaca, una abertura que utilizan para excretar, reproducirse y en algunos casos, respirar. Esta adaptación es especialmente importante para las tortugas acuáticas que hibernan en el fondo de estanques y ríos, donde el oxígeno disuelto en el agua es su única fuente de aire. La respiración cloacal se realiza mediante la difusión de oxígeno a través de las paredes de la cloaca y en la sangre, permitiendo que la tortuga sobreviva durante meses sin necesidad de salir a la superficie. Además, las tortugas también tienen pulmones y pueden respirar aire como otros reptiles, pero la capacidad de respirar a través de la cloaca les proporciona una ventaja adicional en su diversidad de hábitats.

18

Los canguros no pueden caminar hacia atrás.

Los canguros son conocidos por su capacidad de saltar grandes distancias, pero tienen una limitación única: no pueden caminar hacia atrás. Esto se debe a la estructura de sus patas y cola. Las patas traseras de los canguros son muy poderosas y están adaptadas para saltar, con grandes tendones que almacenan energía elástica. Sin embargo, esta adaptación también significa que no pueden moverse hacia atrás debido a la rigidez y la longitud de sus patas. Además, su larga y fuerte cola actúa como un contrapeso y soporte adicional cuando están saltando o de pie, lo que también les impide retroceder. Esta limitación de movimiento no es un problema significativo en su entorno natural, ya que los canguros viven en vastas áreas abiertas donde pueden moverse hacia adelante sin restricciones. Esta peculiaridad anatómica también les ayuda a evitar depredadores, ya que su habilidad para hacer saltos rápidos y largos es más efectiva que retroceder.

19

Los erizos de mar caminan usando sus espinas.

Los erizos de mar son criaturas marinas intrigantes, conocidas por sus espinas puntiagudas que los protegen de depredadores. Pero estas espinas no solo sirven para la defensa; también son utilizadas por los erizos para moverse. Los erizos de mar tienen cientos de pequeñas espinas móviles que les permiten caminar lentamente por el fondo del océano. Además de sus espinas, los erizos de mar tienen pequeños tubos llamados pies ambulacrales, que funcionan con un sistema hidráulico interno y les ayudan a adherirse y moverse a través de superficies. Este sistema de locomoción les permite desplazarse en busca de alimento, como algas y otros organismos pequeños. Las espinas también pueden usarse para excavar y crear refugios en el sustrato marino. La combinación de espinas y pies ambulacrales hace que los erizos de mar sean muy eficientes en su movimiento, a pesar de su apariencia espinosa y aparentemente inmóvil.

20

Las libélulas pueden volar en cualquier dirección, incluso hacia atrás.

Las libélulas son insectos asombrosos con habilidades de vuelo excepcionales. Pueden volar en cualquier dirección: hacia adelante, hacia atrás, hacia arriba, hacia abajo e incluso quedarse quietas en el aire. Esta increíble capacidad se debe a la estructura única de sus alas y su musculatura. A diferencia de otros insectos, las libélulas tienen cuatro alas que pueden moverse de manera independiente. Esto les permite ajustar su velocidad y dirección con gran precisión. Sus alas también están diseñadas para batir rápidamente, permitiéndoles alcanzar velocidades de hasta 30 kilómetros por hora. Esta habilidad de vuelo avanzado les hace cazadores muy eficientes, capaces de atrapar a sus presas en el aire con una precisión asombrosa. Además, las libélulas tienen una excelente visión, con ojos compuestos que les proporcionan un campo de visión casi completo, ayudándoles a detectar movimientos mínimos y evitar depredadores.

Cuerpo humano

21

Los huesos son más fuertes que el acero.

El cuerpo humano es una maravilla de la ingeniería natural, y una de sus características más sorprendentes es la increíble fuerza de los huesos. Aunque puede parecer difícil de creer, el hueso humano es, de hecho, más fuerte que el acero de la misma densidad. Esto se debe a la estructura microscópica del hueso, que está compuesto por una matriz de colágeno (una proteína flexible) y cristales de hidroxiapatita (un mineral duro). Esta combinación de flexibilidad y rigidez permite que los huesos soporten grandes cantidades de peso y presión sin romperse. Además, los huesos son relativamente ligeros, lo que facilita el movimiento y la agilidad. A lo largo de la vida, el esqueleto humano se renueva constantemente a través de un proceso llamado remodelación ósea, en el que las células llamadas osteoclastos descomponen el tejido óseo viejo y las células llamadas osteoblastos crean nuevo tejido óseo. Esta renovación continua asegura que los huesos mantengan su fuerza y resiliencia.

22

Los músculos de los ojos se mueven más de 100,000 veces al día.

Los músculos oculares son algunos de los más activos del cuerpo humano. En un día promedio, los músculos que controlan el movimiento de los ojos se mueven más de 100,000 veces. Esta actividad constante es necesaria para mantener una visión clara y enfocada. Los seis músculos extraoculares que rodean cada ojo permiten movimientos rápidos y precisos en todas las direcciones, asegurando que podamos seguir objetos en movimiento, leer, y explorar visualmente nuestro entorno. Además, los músculos oculares trabajan en perfecta coordinación para mantener ambos ojos alineados y evitar la visión doble. Este nivel de actividad requiere una gran cantidad de energía, y es una de las razones por las que los ojos pueden sentirse cansados después de un largo día de uso intenso, como leer o trabajar en una computadora.

23

El corazón humano late alrededor de 100,000 veces al día.

En promedio, el corazón late alrededor de 100,000 veces al día, bombeando aproximadamente 7,500 litros de sangre a través del cuerpo. Este incesante bombeo asegura que el oxígeno y los nutrientes lleguen a cada célula y que los desechos metabólicos sean eliminados eficientemente. El corazón está compuesto de tejido muscular especializado llamado miocardio, que es capaz de contraerse rítmicamente y con fuerza durante toda la vida de una persona. La regulación del ritmo cardíaco está controlada por un sistema eléctrico intrínseco que incluye el nodo sinoauricular, conocido como el marcapasos natural del corazón. Este sistema garantiza que los latidos del corazón sean coordinados y efectivos. A lo largo de un día, el corazón se adapta continuamente a nuestras actividades, aumentando su ritmo durante el ejercicio y disminuyéndolo durante el descanso. Este constante ajuste asegura que nuestro cuerpo reciba el flujo sanguíneo adecuado en todo momento.

24

Los seres humanos comparten el 50% de su ADN con los plátanos.

Aunque pueda sonar sorprendente, los seres humanos comparten aproximadamente el 50% de su ADN con los plátanos. Este hecho resalta la sorprendente conectividad de toda la vida en la Tierra. El ADN, o ácido desoxirribonucleico, es el material genético que contiene las instrucciones para el desarrollo, funcionamiento, crecimiento y reproducción de todos los organismos vivos. Aunque los humanos y los plátanos son obviamente muy diferentes en apariencia y función, compartimos muchos de los mismos genes básicos que son necesarios para las funciones celulares esenciales. Estos genes comunes están involucrados en procesos fundamentales como la replicación del ADN, la reparación celular y el metabolismo básico. Esta similitud genética subraya la teoría de la evolución, que propone que toda la vida en la Tierra tiene un ancestro común.

25

El cerebro humano tiene más conexiones neuronales que estrellas en la Vía Láctea.

El cerebro humano es uno de los órganos más complejos y fascinantes del cuerpo. Contiene aproximadamente 86 mil millones de neuronas, y cada neurona puede formar hasta 10,000 conexiones sinápticas con otras neuronas. Esto significa que el cerebro humano tiene un estimado de 100 billones de conexiones sinápticas, superando el número de estrellas en la Vía Láctea, que se estima en alrededor de 100 a 400 mil millones. Estas conexiones forman una red increíblemente compleja que permite la comunicación rápida y eficiente entre diferentes áreas del cerebro, facilitando todas nuestras capacidades cognitivas, desde el pensamiento y el aprendizaje hasta la memoria y la emoción. La plasticidad neuronal, o la capacidad del cerebro para reorganizarse y formar nuevas conexiones a lo largo de la vida, es clave para el aprendizaje y la recuperación de lesiones. Esta complejidad y adaptabilidad del cerebro son lo que nos permiten desarrollar habilidades complejas, resolver problemas y experimentar una variedad de experiencias sensoriales y emocionales.

26

Los humanos producen alrededor de un litro de saliva al día.

La saliva es un componente esencial del sistema digestivo humano, y cada día producimos aproximadamente un litro de ella. Esta producción es realizada por las glándulas salivales, que se encuentran en y alrededor de la boca. La saliva cumple varias funciones cruciales: facilita la masticación y deglución de los alimentos, inicia la digestión de los carbohidratos mediante la enzima amilasa, y mantiene la boca húmeda y protegida. Además, la saliva actúa como un limpiador natural, ayudando a mantener los dientes y las encías saludables al eliminar partículas de alimentos y bacterias. También contiene sustancias que ayudan a combatir infecciones, protegiendo la boca de patógenos. La producción de saliva puede variar a lo largo del día y está influenciada por factores como la alimentación, la hidratación y el estrés. Por ejemplo, la visión o el olor de la comida puede estimular la producción de saliva en anticipación a la comida.

27

La piel es el órgano más grande del cuerpo humano.

La piel humana es el órgano más grande del cuerpo, cubriendo una superficie promedio de aproximadamente 1.8 metros cuadrados en adultos y pesando alrededor de 4.5 a 5 kilogramos. La piel no solo actúa como una barrera protectora que resguarda el cuerpo contra daños físicos, infecciones y radiación ultravioleta, sino que también desempeña un papel crucial en la regulación de la temperatura corporal y la sensación táctil. La piel está compuesta por tres capas principales: la epidermis, la dermis y la hipodermis. La epidermis, la capa más externa, contiene células productoras de pigmento llamadas melanocitos que protegen contra los efectos dañinos del sol. La dermis, situada debajo de la epidermis, contiene fibras de colágeno y elastina que proporcionan soporte y elasticidad, así como una red de vasos sanguíneos, glándulas sudoríparas y sebáceas, y folículos pilosos. La hipodermis, la capa más interna, está formada principalmente por tejido adiposo que actúa como un aislante térmico y amortiguador. La piel también alberga una variedad de receptores sensoriales que nos permiten sentir el tacto, la presión, el dolor y la temperatura. Gracias a su estructura multifuncional, la piel es un órgano vital que protege y mantiene el equilibrio del cuerpo.

28

El cuerpo humano contiene alrededor de 37.2 billones de células.

El cuerpo humano es una estructura extraordinaria compuesta por aproximadamente 37.2 billones de células. Estas células varían en forma, tamaño y función, y trabajan juntas para mantener el cuerpo en funcionamiento. Existen varios tipos principales de células en el cuerpo, incluyendo células nerviosas, células musculares, células sanguíneas y células epiteliales. Cada tipo de célula tiene una función específica: las células nerviosas transmiten señales eléctricas por todo el cuerpo, las células musculares permiten el movimiento, las células sanguíneas transportan oxígeno y nutrientes, y las células epiteliales forman las superficies y revestimientos del cuerpo. Todas estas células provienen de una célula única, el cigoto, que se forma cuando un espermatozoide fertiliza un óvulo. A medida que el cigoto se divide y se multiplica, las células se especializan y organizan en tejidos y órganos complejos. Además, las células humanas están constantemente en renovación; por ejemplo, las células de la piel se reemplazan aproximadamente cada 27 días. La capacidad de las células para comunicarse y trabajar juntas de manera coordinada es fundamental para la salud y el bienestar del organismo.

29

El hígado puede regenerarse completamente a partir de tan solo el 25% de su tejido.

El hígado humano es uno de los órganos más asombrosos debido a su capacidad de regeneración. Incluso si se extirpa hasta el 75% del hígado, este órgano puede regenerarse completamente a partir del 25% de su tejido restante. Esta capacidad única de regeneración es esencial para su función vital en el cuerpo. El hígado desempeña numerosos roles críticos, incluyendo la desintoxicación de sustancias químicas nocivas, la producción de proteínas necesarias para la coagulación sanguínea, la regulación del metabolismo y el almacenamiento de vitaminas y minerales. La regeneración del hígado comienza cuando las células hepáticas, llamadas hepatocitos, detectan la pérdida de tejido y comienzan a proliferar para reemplazar las células dañadas o eliminadas. Este proceso es regulado por una serie de señales moleculares y factores de crecimiento que aseguran que la regeneración ocurra de manera controlada y efectiva. La capacidad del hígado para regenerarse no solo es crucial para la supervivencia después de lesiones o cirugías, sino que también es un área de intenso estudio médico, ya que entender los mecanismos de regeneración hepática podría conducir a nuevas terapias para enfermedades hepáticas crónicas y otras condiciones.

30

El estómago tiene que generar una nueva capa de moco cada dos semanas para evitar digerirse a sí mismo.

El estómago es un órgano esencial en el sistema digestivo, encargado de descomponer los alimentos mediante la acción de ácidos y enzimas. Uno de los aspectos más sorprendentes del estómago es su capacidad para protegerse del ácido gástrico altamente corrosivo que produce. El ácido clorhídrico en el estómago es tan fuerte que puede descomponer la comida y matar bacterias, pero también tiene el potencial de dañar el tejido estomacal. Para evitar la autodigestión, el estómago está revestido con una capa de moco espeso y protector. Esta capa de moco se renueva constantemente, cada dos semanas aproximadamente, asegurando que el tejido del estómago permanezca protegido de los efectos destructivos del ácido. Las células epiteliales de la mucosa gástrica producen bicarbonato y moco, creando una barrera que neutraliza el ácido en la superficie del estómago. Este proceso es crucial para mantener la integridad y la función del estómago, permitiéndole desempeñar su papel en la digestión sin autolesionarse. Las alteraciones en esta barrera protectora pueden llevar a problemas como úlceras gástricas, lo que resalta la importancia de este mecanismo de defensa.

31

La lengua humana tiene alrededor de 8,000 papilas gustativas.

La lengua es un órgano multifuncional que desempeña un papel crucial en el habla, la masticación, la deglución y, especialmente, en la percepción del gusto. La superficie de la lengua está cubierta por pequeñas protuberancias llamadas papilas gustativas, y un ser humano promedio tiene alrededor de 8,000 de ellas. Cada papila gustativa contiene entre 50 y 150 células gustativas, que son responsables de detectar los cinco sabores básicos: dulce, salado, ácido, amargo y umami (sabroso). Estas células gustativas envían señales al cerebro a través de los nervios gustativos, permitiéndonos experimentar una variedad de sabores y disfrutar de la comida. Las papilas gustativas se agrupan en diferentes tipos, incluyendo las papilas fungiformes, que están dispersas por la superficie de la lengua, y las papilas circunvaladas y foliadas, que se encuentran en la parte posterior de la lengua. Las papilas gustativas se regeneran cada 10 a 14 días, lo que significa que nuestras preferencias gustativas pueden cambiar con el tiempo. Además de detectar sabores, la lengua también tiene una gran cantidad de receptores táctiles que nos ayudan a percibir la textura y la temperatura de los alimentos.

32

El cerebro humano usa el 20% del oxígeno y calorías que consumimos.

El cerebro humano es un órgano increíblemente activo y demandante, que consume alrededor del 20% del oxígeno y las calorías que ingerimos diariamente, a pesar de que solo representa aproximadamente el 2% del peso corporal total. Esta alta demanda de energía se debe a las numerosas funciones vitales que desempeña el cerebro, incluyendo el pensamiento, la memoria, la percepción sensorial, la coordinación motora y el mantenimiento de las funciones corporales básicas. El oxígeno es esencial para la producción de ATP (adenosina trifosfato), la principal molécula de energía en las células. Las neuronas, las células principales del cerebro, requieren grandes cantidades de ATP para transmitir señales eléctricas y comunicarse entre sí a través de las sinapsis. Además, el cerebro está constantemente activo, incluso durante el sueño, cuando realiza funciones críticas como la consolidación de la memoria y la reparación celular. La alta demanda de energía del cerebro subraya la importancia de una dieta equilibrada y una buena oxigenación para mantener la salud cerebral y el funcionamiento óptimo.

33

La nariz puede recordar hasta 50,000 olores diferentes.

La nariz humana es una herramienta increíblemente sensible y sofisticada, capaz de detectar y recordar hasta 50,000 olores diferentes. Esta capacidad se debe a la compleja estructura del sistema olfativo. En la parte superior de la cavidad nasal, se encuentra el epitelio olfativo, una región especializada que contiene millones de células receptoras olfativas. Cada una de estas células receptoras está equipada con proteínas receptoras que pueden unirse a moléculas odoríferas específicas. Cuando estas moléculas se unen a los receptores, se generan señales eléctricas que son transmitidas al bulbo olfativo en el cerebro. Desde allí, las señales se envían a varias áreas del cerebro, incluida la corteza olfativa y el sistema límbico, que están involucradas en la percepción del olor y la formación de la memoria olfativa. Esta estrecha conexión entre el olfato y la memoria explica por qué ciertos olores pueden evocar recuerdos vívidos y emociones. La capacidad de la nariz para discriminar entre una vasta cantidad de olores es esencial para la detección de peligros, la identificación de alimentos y la comunicación social. Esta habilidad impresionante subraya la importancia del sentido del olfato en nuestra vida diaria y en nuestra supervivencia.

34

La piel humana se reemplaza completamente aproximadamente cada 27 días.

La piel humana es un órgano dinámico que se renueva constantemente para mantener su integridad y funcionalidad. Aproximadamente cada 27 días, la piel se reemplaza por completo a través de un proceso continuo de regeneración celular. En la capa más externa de la piel, conocida como la epidermis, las células llamadas queratinocitos se producen en la capa basal y migran hacia la superficie. A medida que suben, se diferencian y se llenan de queratina, una proteína resistente que proporciona protección. Una vez que llegan a la superficie, las células viejas se desprenden en un proceso conocido como descamación. Este ciclo constante de renovación celular permite que la piel se repare rápidamente después de lesiones y mantenga una barrera efectiva contra los patógenos y las lesiones físicas.

35

Los humanos parpadean alrededor de 15-20 veces por minuto.

El parpadeo es una función automática y esencial que realizamos aproximadamente 15-20 veces por minuto, lo que equivale a cerca de 28,800 parpadeos al día. Esta acción aparentemente simple, desempeña varios roles cruciales en la protección y el mantenimiento de la salud ocular. Cada vez que parpadeamos, nuestras párpados distribuyen una fina capa de lágrimas sobre la superficie del ojo, lo que ayuda a mantenerlo húmedo y libre de polvo y otras partículas. Las lágrimas también contienen enzimas que combaten las bacterias y protegen el ojo de infecciones. Además, el parpadeo regular ayuda a lubricar la córnea y a mantener una visión clara. El acto de parpadear también permite pequeños descansos para los músculos oculares, reduciendo la fatiga ocular, especialmente durante actividades que requieren concentración visual prolongada, como leer o trabajar en una computadora.

36

El intestino delgado mide alrededor de 6 metros de longitud.

El intestino delgado es una parte fundamental del sistema digestivo humano y mide aproximadamente 6 metros de longitud en un adulto promedio. Esta longitud impresionante es necesaria para permitir la máxima absorción de nutrientes de los alimentos que consumimos. El intestino delgado se divide en tres secciones: el duodeno, el yeyuno y el íleon. El duodeno recibe el quimo, una mezcla semilíquida de alimentos digeridos parcialmente del estómago, y mezcla estos alimentos con enzimas digestivas y bilis para continuar el proceso de digestión. En el yeyuno y el íleon, los nutrientes digeridos, como aminoácidos, ácidos grasos y glucosa, se absorben a través de las vellosidades y microvellosidades, que son pequeñas proyecciones en la superficie interna del intestino delgado que aumentan significativamente el área de absorción. La pared del intestino delgado también contiene una red extensa de vasos sanguíneos que transportan los nutrientes absorbidos a todo el cuerpo. Esta estructura y función complejas del intestino delgado son esenciales para nuestra nutrición y salud, permitiendo que nuestro cuerpo utilice eficientemente los alimentos que comemos para obtener energía y materiales de construcción para nuestras células y tejidos.

37

La sangre humana viaja por todo el cuerpo en unos 60 segundos.

El sistema circulatorio humano es una red altamente eficiente y vital que permite que la sangre viaje por todo el cuerpo en aproximadamente 60 segundos. Este rápido y continuo flujo sanguíneo es esencial para mantener el suministro constante de oxígeno y nutrientes a las células y la eliminación de desechos metabólicos. El corazón, el motor central del sistema circulatorio, bombea sangre rica en oxígeno desde los pulmones a través de las arterias y hacia los tejidos corporales. Después de que la sangre entrega oxígeno y recoge dióxido de carbono y otros desechos, regresa al corazón a través de las venas y es transportada a los pulmones para ser oxigenada nuevamente. Este ciclo se repite incesantemente, asegurando que cada célula del cuerpo reciba los recursos necesarios para funcionar correctamente. La velocidad y la eficiencia del flujo sanguíneo son cruciales para la homeostasis, permitiendo que el cuerpo responda rápidamente a las demandas cambiantes, como el ejercicio o el estrés. Además, el sistema circulatorio también juega un papel clave en la regulación de la temperatura corporal y la distribución de hormonas y otros factores importantes para la salud y el equilibrio fisiológico.

38

Los bebés nacen con 300 huesos, pero los adultos tienen 206.

El esqueleto humano experimenta un proceso notable de cambio y desarrollo desde el nacimiento hasta la adultez. Los bebés nacen con aproximadamente 300 huesos, pero a medida que crecen, algunos de estos huesos se fusionan, reduciendo el número total a 206 en los adultos. Esta fusión de huesos es un proceso natural que permite que el esqueleto se fortalezca y se adapte a las necesidades del cuerpo en crecimiento. Por ejemplo, el cráneo de un recién nacido está compuesto de varias placas óseas separadas por suturas flexibles que permiten el crecimiento del cerebro y facilitan el parto. Con el tiempo, estas placas se fusionan para formar una estructura craneal sólida. De manera similar, en la columna vertebral, algunos huesos se fusionan para formar el sacro y el coxis. Este proceso de fusión ósea no solo proporciona estabilidad y soporte, sino que también ayuda a proteger los órganos vitales y permite un movimiento más eficiente.

39

La velocidad de los estornudos puede alcanzar hasta 160 km/h.

El estornudo es un automático que el cuerpo utiliza para eliminar irritantes de las vías respiratorias. Sorprendentemente, la velocidad del aire expulsado durante un estornudo puede alcanzar hasta 160 kilómetros por hora. Este poderoso mecanismo de defensa se desencadena cuando partículas irritantes, como polvo, polen o microorganismos, estimulan las membranas mucosas de la nariz y la garganta. En respuesta, el cerebro envía señales a varios músculos del cuerpo, incluyendo los músculos del pecho, la garganta y el abdomen, para coordinar una contracción rápida y forzada. Esta contracción expulsa aire y mucosidad a alta velocidad, ayudando a limpiar las vías respiratorias y proteger los pulmones de posibles infecciones.

40

La única parte del cuerpo humano que no puede repararse a sí misma es el diente.

El cuerpo humano tiene una notable capacidad para sanar y regenerarse, pero los dientes son una excepción a esta regla. A diferencia de otros tejidos del cuerpo, el esmalte dental, que es la capa más externa y protectora del diente, no puede repararse a sí mismo una vez que está dañado. El esmalte está compuesto principalmente de minerales, y carece de células vivas que puedan iniciar un proceso de reparación. Cuando el esmalte se desgasta o se daña debido a las caries dentales, la abrasión o el ácido, no puede regenerarse. Este hecho subraya la importancia de la higiene bucal y el cuidado dental preventivo para proteger los dientes de daños irreversibles. Además del esmalte, la dentina y el cemento, que son las capas internas del diente, también tienen una capacidad de reparación muy limitada. Las caries y otros problemas dentales pueden progresar rápidamente si no se tratan, afectando la salud general del diente y causando dolor e infecciones. Por esta razón, es crucial mantener una buena higiene bucal, visitar regularmente al dentista y tomar medidas preventivas para proteger y conservar la salud dental.

Gastronomía

41

La miel es el único alimento que no se echa a perder

La miel es un alimento único no solo por su dulzura y versatilidad culinaria, sino también por su increíble capacidad de conservación. Los arqueólogos han encontrado miel en tumbas egipcias que tienen miles de años y que son aún comestibles. Esta asombrosa durabilidad se debe a varios factores. Primero, la miel tiene una baja actividad de agua, lo que significa que contiene muy poca agua disponible para que los microorganismos crezcan. Además, la miel es extremadamente ácida, con un pH de alrededor de 3.5, lo que crea un ambiente hostil para las bacterias y los hongos. La miel también contiene peróxido de hidrógeno, una sustancia que las abejas introducen cuando la convierten de néctar en miel, lo que añade una capa adicional de protección antimicrobiana.

42

El queso más caro del mundo se hace con leche de burra

El queso pule, considerado el queso más caro del mundo, se produce en Serbia y se elabora con leche de burra. Este queso único se fabrica en la Reserva Natural de Zasavica y es conocido por su textura suave y sabor distintivo. La producción de queso pule es extremadamente laboriosa y costosa debido a la escasa cantidad de leche que producen las burras. Cada burra produce solo alrededor de 1.5 litros de leche por día, y se necesitan aproximadamente 25 litros de leche para hacer un kilogramo de queso. Esta baja producción, junto con el proceso artesanal de elaboración, contribuye a su alto precio, que puede llegar a varios miles de dólares por kilogramo. La leche de burra es rica en proteínas y contiene menos grasa que la leche de vaca, lo que da al queso pule su característico perfil nutricional. Este queso no solo es una delicia gourmet, sino también un símbolo de tradición y exclusividad en el mundo de la gastronomía.

43

El azafrán es la especia más cara del mundo

El azafrán, conocido como el "oro rojo", es la especia más cara del mundo, con un precio que puede superar los $5,000 por kilogramo. Esta especia se obtiene de los estigmas secos de la flor del Crocus sativus, comúnmente conocido como el crocus de otoño. Para producir un kilogramo de azafrán se necesitan aproximadamente 150,000 flores, ya que cada flor contiene solo tres estigmas. La recolección y procesamiento del azafrán son tareas extremadamente laboriosas y delicadas, lo que contribuye a su alto costo. El azafrán se utiliza en una variedad de platos por su sabor único, color amarillo vibrante y propiedades medicinales. Además de su uso en la cocina, el azafrán ha sido valorado a lo largo de la historia por sus beneficios para la salud, incluyendo sus propiedades antioxidantes y antiinflamatorias.

44

El chocolate alguna vez fue usado como moneda

En la antigua civilización azteca, los granos de cacao eran tan valiosos que se utilizaban como moneda. Los aztecas, que vivían en lo que hoy es México, consideraban el cacao un regalo de los dioses y lo utilizaban para elaborar una bebida especial llamada "xocoatl". Además de su uso ceremonial, los granos de cacao servían como una forma de moneda para el comercio. Por ejemplo, con 100 granos de cacao se podía comprar un esclavo, y con 10 granos, un conejo. Esta práctica demuestra la importancia cultural y económica del cacao en las sociedades precolombinas. Con la llegada de los europeos al Nuevo

Mundo, el cacao fue llevado a Europa, donde eventualmente se convirtió en el dulce popular que conocemos hoy como chocolate.

45

La pizza Margherita fue creada en honor a una reina

La pizza Margherita, una de las variedades más emblemáticas de pizza, fue creada en 1889 en Nápoles, Italia, en honor a la reina Margherita de Saboya. Según la leyenda, el pizzero Raffaele Esposito inventó esta pizza para celebrar la visita de la reina a la ciudad. La pizza Margherita se caracteriza por sus tres ingredientes principales: tomate, mozzarella y albahaca, que representan los colores de la bandera italiana (rojo, blanco y verde). Esta pizza sencilla pero deliciosa se convirtió rápidamente en un símbolo de la cocina italiana y es apreciada por su sabor fresco y equilibrado. La historia de la pizza Margherita no solo destaca su importancia culinaria, sino también su conexión con la identidad y el orgullo nacional italianos.

46

El wasabi que se sirve en la mayoría de los restaurantes no es wasabi real

El wasabi, el condimento picante y verde que se sirve comúnmente con el sushi, es en realidad una planta llamada Wasabia japonica. Sin embargo, el "wasabi" que se encuentra en la mayoría de los restaurantes fuera de Japón es una mezcla de rábano picante, mostaza y colorante verde. El verdadero wasabi es extremadamente difícil de cultivar y es mucho más caro, lo que hace que el rábano picante sea una alternativa más económica. El auténtico wasabi tiene un sabor más complejo y menos agresivo que el rábano picante, con notas vegetales y un picante que se disipa rápidamente. La dificultad para cultivar wasabi se debe a sus exigentes condiciones de crecimiento: necesita agua de manantial limpia y fresca, sombra parcial y un clima templado.

47

Los tomates eran considerados venenosos en Europa

En el siglo XVI, cuando los tomates fueron traídos a Europa desde las Américas, muchas personas los consideraban venenosos. Esta creencia se debió en parte a que los tomates pertenecen a la familia de las solanáceas, que incluye plantas tóxicas como la belladona y el estramonio. Además, la acidez de los tomates reaccionaba con los platos de estaño que se utilizaban en esa época, liberando plomo y causando envenenamiento por plomo. Esta combinación de factores llevó a una desconfianza generalizada hacia los tomates, especialmente entre las clases altas. No fue hasta el siglo XVIII que los tomates comenzaron a ganar aceptación en Europa, gracias en parte a los inmigrantes italianos que los utilizaron en sus recetas tradicionales. Hoy en día, los tomates son una parte esencial de muchas cocinas alrededor del mundo y son apreciados por su versatilidad y sabor.

48

El durian es conocido como el "rey de las frutas" y tiene un olor muy fuerte

El durian, una fruta tropical originaria del sudeste asiático, es conocido como el "rey de las frutas" debido a su gran tamaño y su sabor único. Sin embargo, también es famoso por su olor extremadamente fuerte y penetrante, que ha sido descrito como una mezcla de cebollas podridas, trementina y basura. Este olor tan potente ha llevado a que el durian esté prohibido en muchos hoteles y transportes públicos en Asia. A pesar de su olor, el durian es muy apreciado por su sabor dulce y cremoso, y es utilizado en una variedad de platos, desde postres hasta curries. El durian es rico en nutrientes, incluyendo vitaminas, minerales y antioxidantes, y se considera un alimento altamente nutritivo. La fruta está rodeada de una cáscara espinosa que debe ser cortada cuidadosamente para acceder a la pulpa comestible en su interior.

49

La receta secreta de la Coca-Cola se guarda en una bóveda en Atlanta

La receta original de la Coca-Cola, una de las bebidas más populares del mundo, es uno de los secretos mejor guardados en la industria alimentaria. Esta fórmula fue creada por John Stith Pemberton en 1886 y ha sido celosamente protegida desde entonces. La receta exacta de la Coca-Cola se guarda en una bóveda de alta seguridad en el World of Coca-Cola, un museo en Atlanta, Georgia. Solo unos pocos empleados de la compañía conocen la fórmula completa en cualquier momento dado, y se toman medidas extremas para mantener el secreto. Esta exclusividad y misterio han contribuido al aura y al éxito comercial de la bebida. Aunque ha habido muchos intentos de replicar la fórmula, ninguno ha logrado capturar exactamente el sabor único de la Coca-Cola. Este nivel de secretismo es un testimonio del valor comercial de la marca y de cómo los secretos comerciales pueden ser una ventaja competitiva en el mercado.

50

Los anacardos crecen en el exterior de una fruta

Los anacardos, esos sabrosos frutos secos que disfrutamos en ensaladas, postres y snacks, crecen de una manera muy inusual. Los anacardos no se encuentran dentro de una cáscara dura como la mayoría de los frutos secos, sino que crecen en el exterior de una fruta llamada marañón. Cada anacardo está unido a la base de una manzana de marañón, que es una fruta jugosa y comestible que se consume en muchos países tropicales. Sin embargo, el procesamiento de los anacardos requiere mucho cuidado, ya que su cáscara contiene un aceite tóxico llamado urushiol, el mismo compuesto irritante que se encuentra en la hiedra venenosa. Este aceite puede causar reacciones cutáneas graves, por lo que los anacardos deben ser cocidos al vapor o tostados para eliminar el urushiol antes de ser consumidos. Esta complejidad en su procesamiento contribuye a su precio relativamente alto en comparación con otros frutos secos. Además de su sabor delicioso, los anacardos son una buena fuente de proteínas, grasas saludables y diversos micronutrientes, lo que los hace una opción nutritiva para muchas dietas.

51

El café es la segunda mercancía más comercializada del mundo

El café, después del petróleo, es la segunda mercancía más comercializada en el mundo. Esta bebida, amada por millones de personas, tiene una enorme demanda global y es una parte esencial de la economía de muchos países productores. Los granos de café se cultivan en más de 70 países, principalmente en regiones tropicales de América Latina, África, Asia y el Caribe. Brasil es el mayor productor de café del mundo, seguido por Vietnam y Colombia. El café no solo es valioso por su sabor y capacidad para proporcionar un impulso de energía, sino también por su impacto económico y social. Millones de personas dependen de la producción y el comercio de café para su sustento. Además, la industria del café incluye una vasta red de comerciantes, tostadores, distribuidores y minoristas, lo que la convierte en una de las industrias más importantes del mundo.

52

El sushi no siempre se hizo con pescado crudo

El sushi, uno de los platos más emblemáticos de la cocina japonesa, no siempre se preparó con pescado crudo.

Originalmente, el sushi era una forma de preservar el pescado mediante la fermentación. Este método, conocido como "narezushi", involucraba envolver el pescado en arroz y dejarlo fermentar durante meses, lo que permitía conservarlo durante largos períodos. El arroz se desechaba y solo se consumía el pescado fermentado. Con el tiempo, esta técnica evolucionó y, en el período Edo (1603-1868), surgió el "hayazushi", que utilizaba vinagre para darle al arroz un sabor ácido similar al del proceso de fermentación, pero sin la necesidad de esperar tanto tiempo. Esta versión más rápida del sushi permitió la inclusión del arroz en el plato final. El uso de pescado crudo, tal como lo conocemos hoy en día, se popularizó debido a la disponibilidad de pescado fresco y la innovación de los chefs japoneses. Hoy en día, el sushi es un arte culinario que combina pescado crudo, mariscos, arroz avinagrado y otros ingredientes frescos, y es disfrutado en todo el mundo.

53

Las zanahorias solían ser moradas

Antes de que las zanahorias naranjas se convirtieran en la variedad dominante, la mayoría de las zanahorias cultivadas en el mundo eran moradas. Las zanahorias naranjas que conocemos hoy fueron desarrolladas en los Países Bajos en el siglo XVII. Los agricultores holandeses comenzaron a cultivar zanahorias naranjas como un tributo a la Casa de Orange, la familia real de los Países Bajos, y la variedad se hizo popular debido a su sabor dulce y su atractivo color. Sin embargo, las zanahorias moradas, rojas, amarillas y blancas han existido durante miles de años y todavía se cultivan hoy en día. Las zanahorias moradas, por ejemplo, contienen antocianinas, poderosos antioxidantes que pueden ofrecer beneficios adicionales para la salud. Esta diversidad de colores y variedades subraya la rica historia y la evolución continua de uno de los vegetales más consumidos en el mundo.

54

La fruta más grande del mundo es la calabaza

La calabaza es la fruta más grande del mundo y puede alcanzar pesos impresionantes. Las calabazas gigantes cultivadas para competencias a menudo pesan más de 1,000 kilogramos. Estas calabazas gigantes son el resultado de técnicas de cultivo especializadas y una cuidadosa selección de semillas. Los cultivadores de calabazas gigantes utilizan métodos como la polinización manual, el riego regular y la fertilización adecuada para maximizar el crecimiento de la fruta. Las competiciones de calabazas gigantes, como el Campeonato Mundial de Calabazas Gigantes de Half Moon Bay en California, atraen a cultivadores de todo el mundo que compiten por el título de la calabaza más grande. Además de su tamaño impresionante, las calabazas son increíblemente versátiles en la cocina, utilizadas en una variedad de platos dulces y salados, desde pasteles y sopas hasta pan y puré. La calabaza es también una excelente fuente de nutrientes, incluyendo vitaminas A y C, fibra y antioxidantes, lo que la convierte en una adición saludable en cualquier dieta.

55

El agua de coco puede usarse como sustituto del plasma sanguíneo

El agua de coco, el líquido claro que se encuentra dentro de los cocos jóvenes, tiene una composición similar al plasma sanguíneo y ha sido utilizada en situaciones de emergencia como un sustituto de este. Durante la Segunda Guerra Mundial, el agua de coco se utilizó como solución intravenosa en el Pacífico Sur debido a la escasez de suministros médicos. Su alta compatibilidad con el cuerpo humano se debe a su esterilidad cuando se encuentra dentro del coco y su equilibrio de electrolitos, que incluye potasio, sodio y magnesio. Aunque no es un reemplazo perfecto para el plasma sanguíneo, el agua de coco ha demostrado ser útil en circunstancias extremas. Además de su uso potencial en emergencias médicas, el agua de coco es una bebida popular por su capacidad para rehidratar y reponer electrolitos, especialmente después de la actividad física. Es baja en calorías y contiene antioxidantes, lo que la convierte en una opción saludable y refrescante para muchas personas.

56

La trufa es uno de los ingredientes más caros del mundo

Las trufas, especialmente las trufas blancas y negras, son hongos subterráneos altamente valorados y considerados entre los ingredientes más caros del mundo. Las trufas blancas de Alba, Italia, pueden venderse por miles de dólares el kilogramo, debido a su escasez, el difícil proceso de recolección y su sabor único e intenso. Las trufas crecen bajo tierra, en asociación con las raíces de ciertos árboles como los robles y los avellanos, y son recolectadas tradicionalmente con la ayuda de perros o cerdos entrenados que pueden detectar su distintivo aroma. El sabor y el aroma de las trufas son inigualables, con notas terrosas y almizcladas que mejoran una amplia variedad de platos, desde pastas y risottos hasta carnes y huevos. La demanda de trufas es alta, y su limitada disponibilidad las convierte en un lujo gastronómico reservado para ocasiones especiales. Además de su valor culinario, las trufas tienen un legado cultural y económico significativo en las regiones donde se encuentran, impulsando el turismo y la economía local.

57

La mostaza fue el primer condimento en llegar al espacio

La mostaza tiene el honor de ser el primer condimento en ser enviado al espacio. En 1981, durante la misión STS-1 del transbordador espacial Columbia, la NASA incluyó mostaza en la lista de alimentos para los astronautas. La comida espacial debe cumplir con estrictos requisitos de nutrición, seguridad y facilidad de consumo en microgravedad. Los condimentos, como la mostaza, el ketchup y la salsa picante, ofrecen una forma sencilla de añadir sabor a los alimentos rehidratados o termoprocesados que se consumen en las misiones espaciales. La inclusión de condimentos también subraya la importancia de considerar el bienestar psicológico y el disfrute de la comida para los astronautas, quienes pasan largos períodos lejos de la Tierra. Desde entonces, diversos condimentos han sido llevados al espacio, adaptando la experiencia culinaria de los astronautas para hacerla lo más agradable posible.

58

El pimiento más picante del mundo es el Carolina Reaper

El Carolina Reaper es oficialmente el pimiento más picante del mundo, según el Guinness World Records. Este pimiento fue desarrollado por Ed Currie en Carolina del Sur, EE. UU., y ha registrado un promedio de 1,641,183 unidades de calor Scoville (SHU), con picos que superan los 2,200,000 SHU. La escala Scoville mide la cantidad de capsaicina, el compuesto químico responsable del picor en los chiles. El Carolina Reaper es una mezcla entre un pimiento Habanero y un pimiento Naga Viper, y se caracteriza por su apariencia arrugada y su pequeño tamaño. A pesar de su extremo picor, este pimiento es utilizado en salsas y comidas por aquellos que buscan experiencias culinarias intensas y picantes. El cultivo y consumo de este pimiento requieren precauciones debido a su potencia, que puede causar una sensación de ardor intensa e incluso problemas de salud si no se maneja adecuadamente.

59

La comida más cara del mundo es el caviar Almas

El caviar Almas, que proviene del esturión beluga albino del Mar Caspio, es considerado la comida más cara del mundo. Este caviar se vende por aproximadamente $25,000 por kilogramo. La rareza del esturión beluga albino, junto con el proceso meticuloso de recolección y preparación del caviar, contribuye a su exorbitante precio. Los granos de caviar Almas son de un color dorado pálido y tienen un sabor suave y delicado que es altamente valorado por los gourmets. El caviar se sirve tradicionalmente solo o con acompañamientos sencillos que no eclipsen su sabor único. Además de su lujo gastronómico, el caviar Almas es un símbolo de estatus y exclusividad. La producción de caviar está estrictamente regulada para proteger las poblaciones de esturión, lo que también limita la cantidad disponible en el mercado. Este delicado y costoso manjar sigue siendo uno de los más deseados y apreciados en el mundo culinario.

60

El récord mundial de la hamburguesa más grande es de más de 1,164 kg

La hamburguesa más grande del mundo pesa más de 1,164 kilogramos y fue creada en 2017 en el Black Bear Casino Resort en Carlton, Minnesota, EE. UU. Esta hamburguesa colosal medía más de 3 metros de diámetro y tomó cuatro horas para cocinarse. La creación de esta gigantesca hamburguesa involucró a un equipo de chefs y requería equipos especiales para manejar y cocinar la enorme cantidad de carne y otros ingredientes. El récord anterior también fue superado por un amplio margen, demostrando la capacidad de superación y creatividad en la cocina. Las hamburguesas gigantes como esta no solo son hazañas culinarias impresionantes, sino que también suelen ser eventos comunitarios que atraen a grandes multitudes y sirven como oportunidades para la caridad y la diversión. La creación de la hamburguesa más grande del mundo es un testimonio de la inventiva y el espíritu competitivo en la gastronomía, además de resaltar la popularidad y la versatilidad de este icónico plato.

Geografía

61

El Monte Everest sigue creciendo

El Monte Everest, la montaña más alta del mundo, situada en la cordillera del Himalaya, sigue creciendo a una tasa de aproximadamente 4 milímetros por año. Este crecimiento se debe a la tectónica de placas, específicamente la colisión continua de la placa tectónica india con la placa euroasiática. Esta colisión no solo crea elevación, sino que también provoca terremotos en la región. A pesar de su altitud, que actualmente es de unos 8,848 metros, el Everest sigue ganando altura, recordándonos que las fuerzas geológicas de la Tierra están en constante acción y evolución.

62

El desierto del Sahara se expande cada año

El desierto del Sahara, el desierto cálido más grande del mundo, se está expandiendo a un ritmo de aproximadamente 48 kilómetros cuadrados por año. Este fenómeno, conocido como desertificación, es impulsado por una combinación de factores naturales y humanos, incluidos el cambio climático y las prácticas agrícolas insostenibles. A medida que el Sahara se expande, afecta las comunidades locales y la biodiversidad, transformando tierras fértiles en áridas.

63

Australia es más ancha que la Luna

Australia, el continente-isla, es más ancha que la Luna. La distancia de este a oeste a través del continente australiano es de aproximadamente 4,000 kilómetros, mientras que el diámetro de la Luna es de unos 3,474 kilómetros. Este hecho sorprendente pone en perspectiva la vastedad de Australia y la relativamente pequeña escala de la Luna en comparación con los cuerpos celestes y las masas terrestres de la Tierra. A pesar de su tamaño, Australia es uno de los continentes menos poblados, con amplias áreas desérticas y una rica diversidad de paisajes y ecosistemas.

64

El punto más profundo del océano es más profundo que la altura del Monte Everest

La Fosa de las Marianas, ubicada en el océano Pacífico occidental, es el punto más profundo del océano, alcanzando

profundidades de aproximadamente 11,034 metros en su punto
más profundo conocido como el abismo Challenger. Este abismo
es más profundo que la altura del Monte Everest, que mide
8,848 metros. Las exploraciones de la Fosa de las Marianas han
revelado ecosistemas únicos y organismos adaptados a las
extremas condiciones de presión y oscuridad. Este abismo
submarino es un testimonio de los extremos de nuestro planeta
y continúa siendo un área de gran interés científico para la
exploración.

65

El río Amazonas es el río más largo y caudaloso del mundo

El río Amazonas, que atraviesa América del Sur, es el río más
largo y caudaloso del mundo. Con una longitud de
aproximadamente 7,000 kilómetros, supera al Nilo en longitud,
aunque hay debates sobre cuál es realmente el más largo.
Además, el Amazonas transporta más agua que los siguientes
siete ríos más grandes combinados. Este río alberga una
biodiversidad impresionante, incluyendo miles de especies de
peces y una vasta cantidad de flora y fauna. El Amazonas es
esencial para el clima global y el ciclo del agua, desempeñando
un papel crucial en la regulación del carbono y el suministro de
oxígeno.

66

Rusia es el país más grande del mundo

Rusia es el país más grande del mundo por superficie, abarcando más de 17 millones de kilómetros cuadrados. Su vasto territorio se extiende a través de once zonas horarias y contiene una gran diversidad de paisajes, desde tundras y estepas hasta montañas y bosques densos. Rusia comparte fronteras con 16 países y es hogar de una riqueza de recursos naturales, incluyendo reservas de petróleo, gas natural y minerales. Esta inmensa extensión territorial hace de Rusia un país de enormes contrastes geográficos y culturales, con una historia rica y compleja.

67

El Mar Caspio es el lago más grande del mundo

El Mar Caspio, que se encuentra entre Europa y Asia, es el lago más grande del mundo por superficie, cubriendo aproximadamente 371,000 kilómetros cuadrados. Aunque se llama "mar", el Caspio es en realidad un lago endorreico, lo que significa que no tiene salida al océano. Este lago es conocido por su biodiversidad única y sus valiosos recursos, especialmente el petróleo y el gas natural. El Mar Caspio también es famoso por su población de esturiones, que producen el caviar de mayor calidad.

68

Canadá tiene la costa más larga del mundo

Canadá posee la costa más larga del mundo, con un litoral que se extiende por más de 202,080 kilómetros. Esta vasta línea costera incluye el océano Atlántico, el océano Pacífico y el océano Ártico. La diversidad de los paisajes costeros canadienses va desde playas de arena y acantilados escarpados hasta fiordos y glaciares. La costa de Canadá es crucial para su economía, con importantes industrias pesqueras, turísticas y de transporte marítimo. Además, los ecosistemas costeros son hogar de una rica biodiversidad, incluidos numerosos mamíferos marinos, aves y peces. La preservación de estos entornos es vital para mantener el equilibrio ecológico y la prosperidad económica del país.

69

La Antártida es el desierto más grande del mundo

La Antártida, el continente helado en el Polo Sur, es el desierto más grande del mundo. A pesar de estar cubierto de hielo y nieve, la Antártida es técnicamente un desierto debido a sus bajas precipitaciones, que promedian menos de 50 milímetros al año en el interior del continente. La Antártida es el lugar más frío de la Tierra, con temperaturas que pueden descender por debajo de -80°C. Este continente inhóspito alberga una biodiversidad sorprendente en sus costas y mares circundantes, incluyendo pingüinos, focas y ballenas. La Antártida también desempeña un papel crucial en la regulación del clima global y el nivel del mar.

70

El lago Baikal es el lago más profundo y antiguo del mundo

El lago Baikal, situado en Siberia, Rusia, es el lago más profundo y antiguo del mundo. Con una profundidad máxima de 1,642 metros y una antigüedad de aproximadamente 25 millones de años, el Baikal contiene alrededor del 20% del agua dulce no congelada del mundo. Este lago es conocido por su extraordinaria claridad y su biodiversidad única, incluyendo muchas especies endémicas, como el nerpa, la única foca de agua dulce del mundo. El Baikal es un sitio de gran interés científico debido a sus características geológicas y biológicas, y es también un importante destino turístico y cultural en Rusia.

71

El volcán Mauna Kea es la montaña más alta del mundo desde su base

El Mauna Kea, un volcán inactivo en la isla de Hawái, es la montaña más alta del mundo cuando se mide desde su base en el fondo del océano hasta su cumbre. Desde esta perspectiva, el Mauna Kea tiene una altura de más de 10,200 metros, superando al Monte Everest. Aunque su altura sobre el nivel del mar es de 4,207 metros, su base submarina añade considerablemente a su altitud total. Mauna Kea es un sitio sagrado en la cultura hawaiana y es famoso por sus condiciones excepcionales para la observación astronómica, albergando varios observatorios de clase mundial.

72

Groenlandia es la isla más grande del mundo

Groenlandia es la isla más grande del mundo, con una superficie de más de 2.1 millones de kilómetros cuadrados. Aunque es políticamente parte del Reino de Dinamarca, Groenlandia tiene un alto grado de autonomía. La mayor parte de la isla está cubierta por una capa de hielo permanente, la segunda más grande del mundo después de la Antártida. Esta capa de hielo juega un papel crucial en el sistema climático global y el nivel del mar. Groenlandia es hogar de una pequeña población que depende en gran medida de la pesca y la caza. La región también es un foco de investigación científica debido a su importancia para el estudio del cambio climático.

73

El país con más husos horarios es Francia

Francia es el país con más husos horarios del mundo, con un total de 12 diferentes. Esta diversidad de husos horarios se debe a los numerosos territorios de ultramar que Francia posee alrededor del mundo, desde la Polinesia Francesa en el Pacífico hasta la Guayana Francesa en América del Sur. Estos territorios abarcan varias regiones y hemisferios, lo que crea una gran variedad de zonas horarias. La gestión de esta diversidad horaria es un desafío logístico para la administración y las comunicaciones, pero también refleja la extensión histórica y geográfica del antiguo imperio colonial francés.

74

El desierto de Atacama es el lugar más seco de la Tierra

El desierto de Atacama, situado en Chile, es el lugar más seco de la Tierra. Algunas partes de este desierto no han recibido lluvia significativa en cientos de años. Con precipitaciones promedio de menos de 15 milímetros anuales, el Atacama tiene condiciones extremadamente áridas, comparables solo con las llanuras heladas de la Antártida. A pesar de su aridez, el desierto de Atacama alberga una biodiversidad adaptada a las duras condiciones, incluyendo especies únicas de flora y fauna. Además, el suelo del Atacama es similar al de Marte, lo que lo convierte en un sitio de interés para investigaciones astrobiológicas y pruebas de equipos destinados a explorar el planeta rojo.

75

El punto más bajo en la superficie terrestre es el Mar Muerto

El Mar Muerto, situado entre Jordania e Israel, es el punto más bajo en la superficie terrestre, a unos 430 metros por debajo del nivel del mar. Este cuerpo de agua hipersalino es conocido por su alta concentración de sal y minerales, lo que hace que sea casi imposible hundirse en él. La salinidad del Mar Muerto es aproximadamente 10 veces mayor que la del océano, creando un entorno hostil para la vida acuática. Sin embargo, sus aguas y lodos ricos en minerales son famosos por sus propiedades terapéuticas y han atraído a visitantes desde tiempos antiguos. La región del Mar Muerto también es un sitio de gran importancia histórica y arqueológica.

76

La capital más alta del mundo es La Paz

La Paz, la sede del gobierno de Bolivia, es la capital más alta del mundo, situada a una altitud de aproximadamente 3,650 metros sobre el nivel del mar. La ciudad se encuentra en el altiplano andino y está rodeada por montañas imponentes, incluyendo la montaña nevada del Illimani. La altitud de La Paz afecta significativamente su clima, resultando en temperaturas frescas durante todo el año y una menor presión atmosférica, lo que puede afectar a los visitantes no aclimatados. La Paz es una ciudad con una rica cultura indígena, historia colonial y una economía en crecimiento. Su ubicación y altitud la hacen única entre las capitales del mundo.

77

El lago Titicaca es el lago navegable más alto del mundo

El lago Titicaca, situado en la frontera entre Perú y Bolivia, es el lago navegable más alto del mundo, a una altitud de 3,812 metros sobre el nivel del mar. Este lago andino es también uno de los más grandes de Sudamérica, con una superficie de aproximadamente 8,372 kilómetros cuadrados. El Titicaca es famoso por sus aguas cristalinas, sus islas flotantes hechas de totora y su rica herencia cultural, incluyendo antiguos sitios arqueológicos de las civilizaciones preincaicas e incas. El lago es una fuente vital de agua, recursos y transporte para las comunidades locales y es un importante destino turístico y centro de biodiversidad.

78

El Monte Denali es la montaña más alta de América del Norte

El Monte Denali, anteriormente conocido como Monte McKinley, es la montaña más alta de América del Norte, con una altitud de 6,190 metros sobre el nivel del mar. Situado en Alaska, Denali es famoso por sus imponentes glaciares y su clima extremadamente frío y desafiante. La montaña es un destino popular para alpinistas de todo el mundo, aunque su ascenso es notoriamente difícil debido a la altitud, las bajas temperaturas y el terreno traicionero. Denali es también un símbolo de la belleza salvaje y la majestad de los paisajes naturales de América del Norte. Su parque nacional circundante es hogar de una rica fauna, incluyendo osos grizzly, lobos y caribúes.

79

El delta del Amazonas es el delta de río más grande del mundo

El delta del Amazonas, ubicado en el noreste de Brasil, es el delta de río más grande del mundo. Este vasto delta se extiende por más de 100,000 kilómetros cuadrados y es formado por el río Amazonas, el río más caudaloso del mundo. El delta del Amazonas es un ecosistema complejo y dinámico que incluye numerosas islas, canales, manglares y estuarios. Es hogar de una increíble biodiversidad, incluyendo especies de peces, aves, mamíferos y plantas únicas. Este delta desempeña un papel crucial en el ciclo hidrológico y en la regulación del clima, además de ser vital para las comunidades humanas que dependen de sus recursos.

80

El salar de Uyuni es el desierto de sal más grande del mundo

El salar de Uyuni, ubicado en Bolivia, es el desierto de sal más grande del mundo, con una extensión de más de 10,000 kilómetros cuadrados. Formado por la evaporación de antiguos lagos prehistóricos, el salar es una vasta llanura blanca que se convierte en un espejo gigante durante la temporada de lluvias, reflejando el cielo de manera espectacular. El salar de Uyuni contiene una gran cantidad de litio, un recurso vital para la producción de baterías. Además de su importancia económica, el salar es un destino turístico popular, conocido por su belleza surrealista y su horizonte infinito. Este increíble paisaje es una maravilla geográfica y un símbolo de las fuerzas naturales que moldean nuestro planeta.

Mitología Griega

81

Zeus, el rey de los dioses, tenía más de 100 hijos

Zeus, el rey de los dioses en la mitología griega, era famoso por sus numerosos amoríos con diosas, ninfas y mortales. Como resultado, tuvo más de 100 hijos, tanto divinos como mortales. Algunos de sus hijos más conocidos incluyen a Atenea, Apolo, Artemisa, Hermes, Dionisio, Heracles, Helena de Troya y Perseo. Cada uno de estos hijos desempeñó papeles importantes en los mitos y leyendas griegas, y muchos de ellos se convirtieron en figuras destacadas. Las infidelidades de Zeus, a menudo causaba conflictos y celos, especialmente con su esposa, Hera, quien a menudo tomaba venganza contra sus amantes y sus hijos.

82

Atenea nació completamente armada de la cabeza de Zeus

Atenea, la diosa de la sabiduría y la guerra, tuvo un nacimiento único y sorprendente. Según la mitología, Atenea nació completamente armada de la cabeza de Zeus. Esta inusual llegada al mundo ocurrió después de que Zeus se tragara a su primera esposa, Metis, quien estaba embarazada de Atenea. Temiendo una profecía que decía que el hijo de Metis lo destronaría, Zeus la ingirió para evitar el peligro. Sin embargo, Metis continuó gestando a Atenea dentro de Zeus. Finalmente, Zeus experimentó un dolor de cabeza terrible, y Hefesto, el dios herrero, abrió su cabeza con un hacha, permitiendo que Atenea emergiera completamente formada y lista para la batalla.

83

Hércules realizó doce trabajos imposibles

Hércules, conocido por su fuerza sobrehumana, fue condenado a realizar doce trabajos imposibles como penitencia por haber matado a su esposa e hijos en un arrebato de locura inducido por Hera. Estos trabajos, conocidos como los "12 Trabajos de Hércules", incluían hazañas como matar al León de Nemea, capturar a la Cierva de Cerinea, obtener el cinturón de Hipólita, limpiar los Establos de Augías en un solo día, y capturar a Cerbero, el perro guardián del inframundo. Cada tarea fue diseñada para ser extremadamente difícil y peligrosa, pero Hércules logró completar todos los trabajos, demostrando su valor, fuerza y resistencia.

84

Narciso se enamoró de su propio reflejo

Narciso era un joven extremadamente hermoso que se enamoró de su propio reflejo en un estanque. Según el mito, Narciso estaba tan cautivado por su propia imagen que no podía apartarse del agua y finalmente murió ahogado. Este mito da origen al término "narcisismo", que describe una obsesión con uno mismo. La historia de Narciso es una advertencia sobre los peligros de la vanidad y la obsesión con la propia apariencia. Después de su muerte, se dice que los dioses lo transformaron en la flor que lleva su nombre, el narciso, que a menudo se asocia con la belleza efímera y la autocomplacencia.

85

Prometeo robó el fuego de los dioses para dárselo a la humanidad

Prometeo, un titán conocido por su astucia, es famoso por robar el fuego de los dioses y entregárselo a la humanidad. En la mitología griega, Prometeo simpatizaba con los humanos y quería ayudarlos a prosperar. El fuego representaba no solo calor y luz, sino también conocimiento y progreso tecnológico. Enfurecido por el robo, Zeus castigó a Prometeo encadenándolo a una roca en el Cáucaso, donde un águila le devoraba el hígado diariamente, pero este se regeneraba cada noche. Prometeo soportó este tormento hasta que finalmente fue liberado por Hércules. Su sacrificio hizo posible que los humanos avanzaran y desarrollaran la civilización.

86

Medusa podía convertir a las personas en piedra con solo mirarlas

Medusa era una de las tres Gorgonas, y la única mortal, en la mitología griega. Originalmente, Medusa era una hermosa mujer, pero fue transformada en un monstruo por Atenea como castigo por profanar su templo. Con serpientes en lugar de cabello y una mirada que podía convertir a cualquiera en piedra, Medusa se convirtió en una figura temida. El héroe Perseo fue encargado de matarla y, con la ayuda de herramientas mágicas proporcionadas por los dioses, logró decapitarla sin mirarla directamente. La cabeza de Medusa mantuvo su poder petrificante incluso después de su muerte y fue utilizada por Perseo en varias hazañas posteriores.

87

El Minotauro vivía en un laberinto construido por Dédalo

El Minotauro, una criatura con cuerpo de hombre y cabeza de toro, vivía en un laberinto en la isla de Creta. Este laberinto fue diseñado por el ingenioso inventor Dédalo por orden del rey Minos. El Minotauro era el resultado de la unión entre Pasífae, la esposa de Minos, y un toro sagrado. Para contener a esta bestia, Minos encarceló al Minotauro en el laberinto, donde se alimentaba de jóvenes que eran sacrificados periódicamente. Teseo, un héroe ateniense, se ofreció como voluntario para matar al Minotauro. Con la ayuda de Ariadna, la hija de Minos, y un hilo para no perderse en el laberinto, Teseo logró matar al Minotauro y escapar.

88

Pandora abrió una caja que contenía todos los males del mundo

Pandora fue la primera mujer humana creada por los dioses como parte de un castigo para la humanidad. Zeus le dio una caja, con la instrucción de no abrirla nunca. Sin embargo, la curiosidad de Pandora la llevó a abrir la caja, liberando todos los males del mundo, como la enfermedad, la muerte y el sufrimiento. Solo quedó en la caja la esperanza, que no pudo escapar. Este mito es una explicación de los orígenes del mal en el mundo y también una advertencia sobre los peligros de la curiosidad y la desobediencia. Pandora es a menudo vista como un paralelo a Eva en la tradición judeocristiana, ambas responsables de introducir el sufrimiento al mundo a través de su curiosidad.

89

Ícaro voló demasiado cerca del sol

Ícaro, hijo del inventor Dédalo, intentó escapar de la isla de Creta volando con alas hechas de plumas y cera. Dédalo advirtió a Ícaro que no volara demasiado alto ni demasiado bajo: si volaba bajo, la humedad del mar empaparía sus alas, y si volaba alto, el calor del sol derretiría la cera. Sin embargo, embriagado por la emoción del vuelo, Ícaro ignoró la advertencia de su padre y ascendió demasiado cerca del sol. La cera de sus alas se derritió, por lo que Ícaro cayó al mar y se ahogó. Su trágica historia es un recordatorio de los peligros de la imprudencia y el exceso de ambición.

90

Orfeo descendió al inframundo para rescatar a su esposa Eurídice

Orfeo, un talentoso músico y poeta, estaba profundamente enamorado de su esposa Eurídice. Cuando ella murió por la mordedura de una serpiente, Orfeo decidió descender al inframundo para traerla de vuelta. Con su música y canto, Orfeo conmovió a Hades y Perséfone, los gobernantes del inframundo, quienes accedieron a permitir que Eurídice regresara al mundo de los vivos con una condición: Orfeo no debía volverse a mirarla hasta que ambos estuvieran fuera del inframundo. Sin embargo, justo antes de alcanzar la salida, Orfeo, impulsado por la duda y la desesperación, se giró para mirarla, y Eurídice fue arrastrada de nuevo al inframundo para siempre. La historia de Orfeo y Eurídice es una tragedia sobre el amor, la pérdida y la confianza.

91

Aquiles fue invencible excepto por su talón

Aquiles, uno de los héroes más grandes de la mitología griega, era casi invulnerable debido a que su madre, Tetis, lo sumergió en el río Estigia cuando era un bebé. Sin embargo, ella lo sostuvo por el talón, dejando esa parte de su cuerpo vulnerable. Durante la Guerra de Troya, Aquiles demostró ser un guerrero formidable y casi invencible. No obstante, su único punto débil, el talón, fue finalmente su perdición. El príncipe troyano Paris, con la ayuda del dios Apolo, disparó una flecha que impactó en el talón de Aquiles, llevándolo a la muerte. Esta vulnerabilidad es la razón por la cual hoy usamos la expresión "talón de Aquiles" para referirnos a un punto débil en alguien o algo que de otro modo sería fuerte y resistente.

92

El caballo de Troya fue una estratagema para conquistar Troya

El caballo de Troya es uno de los engaños más famosos en la mitología griega. Durante la Guerra de Troya, los griegos idearon un plan astuto para infiltrarse en la ciudad de Troya.

Construyeron un enorme caballo de madera y escondieron en su interior a un grupo de soldados. Fingiendo una retirada, dejaron el caballo como un "regalo" para los troyanos. Los troyanos, creyendo que el caballo era un símbolo de victoria, lo llevaron dentro de las murallas de la ciudad. Esa noche, los soldados griegos salieron del caballo y abrieron las puertas de Troya para el ejército griego, que había regresado en secreto. Los griegos entraron en la ciudad y finalmente la conquistaron, poniendo fin a la guerra.

93

Sísifo fue condenado a empujar una roca eternamente

Sísifo, el astuto rey de Éfira (hoy Corinto), fue castigado por los dioses por su engaño y traición. Su castigo en el inframundo fue empujar una enorme roca cuesta arriba por una colina, solo para ver cómo rodaba de nuevo hacia abajo cada vez que alcanzaba la cima. Este tormento sin fin simboliza un trabajo inútil y eterno. El mito de Sísifo ha sido interpretado de diversas maneras a lo largo de la historia, a menudo visto como una metáfora de la lucha humana y la búsqueda de significado en un mundo aparentemente absurdo. La imagen de Sísifo y su roca es una poderosa representación de la perseverancia y el esfuerzo inútil.

94

El juicio de Paris desencadenó la Guerra de Troya

El juicio de Paris es un mito que describe cómo se desencadenó la Guerra de Troya. Paris, un príncipe troyano, fue elegido para decidir cuál de las tres diosas - Hera, Atenea o Afrodita - era la más bella. Cada diosa intentó sobornarlo: Hera le ofreció poder, Atenea le ofreció sabiduría y habilidad en la guerra, y Afrodita le prometió el amor de la mujer más hermosa del mundo, Helena de Esparta. Paris eligió a Afrodita, lo que llevó a Helena a abandonar a su esposo, Menelao, rey de Esparta, y huir con Paris a Troya. Esto provocó la ira de Menelao y desencadenó la guerra entre los griegos y los troyanos, narrada en la "Ilíada" de Homero.

95

Eco perdió su voz y solo podía repetir las últimas palabras de otros

Eco era una ninfa con una voz melodiosa que ofendió a Hera, la esposa de Zeus, por ayudar a Zeus a distraerla mientras él tenía amoríos. Como castigo, Hera condenó a Eco a no poder hablar por sí misma, sino solo repetir las últimas palabras que escuchaba. Eco se enamoró de Narciso, pero no podía expresar su amor debido a la maldición. Desesperada por su rechazo, Eco se retiró a las montañas y se desvaneció hasta que solo quedó su voz. Este mito explica el fenómeno del eco en los entornos naturales y una trágica historia de amor no correspondido y las consecuencias del engaño.

96

Atlas fue condenado a sostener el cielo sobre sus hombros

Atlas, uno de los titanes, fue condenado por Zeus a sostener el cielo sobre sus hombros por toda la eternidad como castigo por su papel en la Titanomaquia, la guerra entre los titanes y los dioses olímpicos. A menudo se representa a Atlas cargando una esfera celeste, lo que ha llevado a la idea errónea de que sostiene la Tierra. En realidad, su tarea era sostener el cielo para evitar que cayera sobre la Tierra. Este mito simboliza el castigo eterno y la carga de responsabilidad. Atlas es también una figura importante en la geografía moderna, ya que los libros de mapas llevan su nombre, "atlas", en su honor.

97

Tántalo fue condenado a sufrir hambre y sed eternos

Tántalo, un rey en la mitología griega, fue condenado a sufrir hambre y sed eternos en el inframundo. Fue castigado por Zeus por revelar los secretos de los dioses y por ofrecer a su hijo Pélope como sacrificio en un banquete para los dioses. En su castigo, Tántalo se encuentra en una piscina de agua que siempre se retira cuando intenta beber y bajo ramas de frutas que siempre se alejan cuando intenta comer.

98

El mito de Pigmalión y Galatea

Pigmalión, un escultor chipriota, se enamoró de una estatua que había tallado, llamada Galatea. Pigmalión la consideraba tan perfecta que rogó a Afrodita para que le concediera una esposa tan hermosa como la estatua. Afrodita, conmovida por su deseo, dio vida a la estatua, y Galatea se convirtió en una mujer de carne y hueso. Pigmalión y Galatea se casaron y vivieron felices.

99

Aracne fue transformada en araña por Atenea

Aracne, una talentosa tejedora, desafió a la diosa Atenea a un concurso de tejido. Aunque Aracne creó una obra maestra, su desafío a una diosa fue considerado arrogante. Atenea destruyó el trabajo de Aracne y, en castigo por su insolencia, la transformó en una araña, condenándola a tejer por toda la eternidad. Este mito es el origen del término "arácnido" para referirse a las arañas.

100

El Rey Midas y su toque de oro

El Rey Midas fue un monarca famoso por su capacidad de convertir todo lo que tocaba en oro, un don concedido por el dios Dionisio. Al principio, Midas se deleitó con su nuevo poder, pero pronto se dio cuenta de su trágico error cuando no pudo comer ni beber, ya que la comida y el agua también se transformaban en oro. Finalmente, Midas rogó a Dionisio que le quitara el don, y el dios le indicó que se lavara en el río Pactolo, donde el poder fue transferido al agua y el río se convirtió en una fuente de oro. Este mito es una advertencia sobre los peligros de la avaricia y el deseo insaciable de riqueza.

Naturaleza

101

El Gran Cañón puede verse desde el espacio

El Gran Cañón, una inmensa garganta tallada por el río Colorado en Arizona, es tan vasto que puede ser visto desde el espacio. Esta maravilla natural tiene aproximadamente 446 kilómetros de largo, hasta 29 kilómetros de ancho y más de 1,800 metros de profundidad en su punto más profundo. La erosión del río Colorado durante millones de años ha creado las impresionantes formaciones rocosas y los coloridos estratos geológicos que se pueden ver hoy en día. El Gran Cañón es una de las siete maravillas naturales del mundo y atrae a millones de visitantes cada año, que vienen a admirar sus espectaculares vistas y a explorar su rica historia geológica.

102

Los arrecifes de coral son el hogar de una cuarta parte de todas las especies marinas

Los arrecifes de coral, a menudo llamados "las selvas del mar", son ecosistemas marinos increíblemente diversos que albergan aproximadamente el 25% de todas las especies marinas, a pesar de cubrir menos del 1% del lecho marino. Estos ecosistemas complejos están formados por colonias de pequeños animales llamados pólipos de coral, que construyen estructuras de carbonato de calcio a lo largo de miles de años. Los arrecifes de coral proporcionan refugio, alimento y áreas de reproducción para una gran variedad de peces, invertebrados y otros organismos marinos. Además de su importancia ecológica, los arrecifes de coral protegen las costas de la erosión, soportan la pesca y el turismo, y son fuentes de compuestos para medicamentos.

103

El bambú puede crecer más de un metro en 24 horas

El bambú es una de las plantas de crecimiento más rápido en el mundo, capaz de crecer más de un metro en solo 24 horas bajo condiciones ideales. Este crecimiento explosivo se debe a su estructura celular única y su capacidad para absorber grandes cantidades de agua. El bambú es una planta perenne y forma parte de la familia de las gramíneas. Además de ser una fuente importante de alimento para pandas gigantes y otros animales, el bambú se utiliza en la construcción, fabricación de papel, textiles y utensilios de cocina, debido a su durabilidad y sostenibilidad. Su rápido crecimiento también lo convierte en una planta eficaz para la reforestación y la mitigación de la erosión del suelo.

104

El agua cubre más del 70% de la superficie terrestre

El agua cubre más del 70% de la superficie de la Tierra, con los océanos conteniendo alrededor del 97% de toda el agua del planeta. Los océanos no solo regulan el clima y el tiempo, sino que también son vitales para la biodiversidad, proporcionando hábitats para innumerables especies marinas. Además de los océanos, el agua se encuentra en ríos, lagos, glaciares y en la atmósfera en forma de vapor. El ciclo del agua, que incluye la evaporación, la condensación y la precipitación, es crucial para la distribución de agua dulce y el mantenimiento de la vida en la Tierra. Sin agua, la vida tal como la conocemos no sería posible.

105

Hay más árboles en la Tierra que estrellas en la Vía Láctea

Se estima que hay aproximadamente 3.04 billones de árboles en la Tierra, lo que supera significativamente el número de estrellas en la Vía Láctea, que se estima en alrededor de 100 a 400 mil millones. Los árboles son esenciales para la vida en la Tierra, ya que producen oxígeno, almacenan carbono, estabilizan el suelo y proporcionan hábitats para innumerables especies. Además, los árboles juegan un papel crucial en la regulación del clima y el ciclo del agua. La conservación y reforestación son vitales para mantener la salud de los ecosistemas globales y combatir el cambio climático.

106

La mariposa monarca migra más de 4,800 kilómetros cada año

La mariposa monarca realiza una de las migraciones más largas y asombrosas del reino animal, viajando más de 4,800 kilómetros desde Canadá y el norte de los Estados Unidos hasta los bosques de oyamel en México. Esta migración ocurre en varias generaciones de mariposas, con cada generación recorriendo una parte del viaje. Las mariposas monarca dependen de señales ambientales, como la posición del sol y los campos magnéticos de la Tierra, para navegar. Esta épica migración es un fenómeno natural increíble que enfrenta amenazas debido a la pérdida de hábitat y el cambio climático. La conservación de las rutas migratorias y los hábitats invernales es crucial para la supervivencia de las mariposas monarca.

107

Los glaciares contienen casi el 70% del agua dulce del mundo

Los glaciares, enormes masas de hielo que se encuentran principalmente en Groenlandia y la Antártida, contienen casi el 70% del agua dulce del mundo. Estos gigantes de hielo son cruciales para el sistema climático global, ya que reflejan la luz solar y regulan las temperaturas del planeta. Los glaciares también alimentan ríos y lagos, proporcionando agua dulce esencial para millones de personas y ecosistemas. Sin embargo, el cambio climático está provocando el rápido derretimiento de muchos glaciares, lo que contribuye al aumento del nivel del mar y altera los patrones de precipitación y flujo de agua. La protección de los glaciares es vital para garantizar el suministro de agua dulce y mitigar los impactos del cambio climático.

108

Los volcanes submarinos producen el 75% de la actividad volcánica de la Tierra

Aunque los volcanes terrestres son más visibles y conocidos, aproximadamente el 75% de la actividad volcánica de la Tierra ocurre bajo el agua, en los volcanes submarinos. Estos volcanes se encuentran principalmente a lo largo de las dorsales oceánicas, donde las placas tectónicas se separan y permiten que el magma ascienda a la superficie. La actividad volcánica submarina es responsable de la formación de nuevas cortezas oceánicas y juega un papel crucial en el ciclo geológico del planeta. Los volcanes submarinos también liberan grandes cantidades de nutrientes y minerales en el océano, apoyando la vida marina y contribuyendo a la biodiversidad.

109

El Salar de Uyuni se convierte en el espejo más grande del mundo

El Salar de Uyuni, situado en Bolivia, es el desierto de sal más grande del mundo, cubriendo más de 10,000 kilómetros cuadrados. Durante la temporada de lluvias, una fina capa de agua cubre la superficie del salar, creando el espejo natural más grande del mundo. Este fenómeno refleja el cielo de manera espectacular, haciendo que el horizonte desaparezca y creando una vista impresionante que atrae a turistas de todo el mundo. Además de su belleza natural, el Salar de Uyuni contiene vastas reservas de litio, un mineral crucial para la fabricación de baterías. El salar es también un importante sitio de investigación científica y un destino turístico popular por su paisaje único y otras atracciones cercanas.

110

Los árboles más antiguos del mundo tienen más de 5,000 años

Los árboles más antiguos del mundo son los pinos longevos (Pinus longaeva), que pueden vivir más de 5,000 años. Estos árboles se encuentran principalmente en las Montañas Blancas de California, Estados Unidos. El árbol más antiguo conocido, llamado Matusalén, tiene aproximadamente 4,850 años. Estos pinos longevos tienen una capacidad increíble para sobrevivir en condiciones extremas, como suelos pobres, climas fríos y altitudes elevadas. Su longevidad se debe en parte a su crecimiento lento y su resistencia a enfermedades y plagas. Estos árboles antiguos son testimonios vivientes de la historia natural y ofrecen valiosa información sobre el clima y los ecosistemas a lo largo de milenios.

111

Las medusas existen desde hace más de 500 millones de años

Las medusas son una de las formas de vida más antiguas del planeta, con fósiles que datan de hace más de 500 millones de años. Estas criaturas marinas han sobrevivido a través de múltiples extinciones masivas y han demostrado una notable capacidad de adaptación. Las medusas pertenecen al filo Cnidaria y existen en una variedad de formas y tamaños, desde las pequeñas y transparentes hasta las enormes medusas melena de león. Algunas medusas tienen la capacidad de regenerarse y, en ciertos casos, incluso revertir su ciclo de vida, lo que las hace prácticamente inmortales. Su longevidad y adaptabilidad las convierten en fascinantes objetos de estudio para los científicos que investigan la evolución y la biología marina.

112

El océano produce más del 50% del oxígeno del mundo

El océano es una fuente vital de oxígeno para nuestro planeta, produciendo más del 50% del oxígeno que respiramos. Esta producción de oxígeno se debe principalmente a los fitoplancton, microorganismos fotosintéticos que viven en la superficie del océano. A través del proceso de fotosíntesis, los fitoplancton convierten el dióxido de carbono y la luz solar en oxígeno y glucosa, liberando oxígeno como un subproducto. Además de ser cruciales para la producción de oxígeno, los fitoplancton son la base de la cadena alimentaria marina y juegan un papel importante en la regulación del clima al absorber grandes cantidades de dióxido de carbono. La salud del océano y sus ecosistemas son esenciales para mantener el equilibrio atmosférico y la vida en la Tierra.

113

El Oso Polar puede nadar hasta 100 kilómetros sin descansar

Los osos polares son nadadores excepcionales y pueden nadar largas distancias en busca de alimento y hielo marino. Se ha documentado que los osos polares pueden nadar hasta 100 kilómetros sin descansar, utilizando sus grandes patas delanteras como remos y sus patas traseras como timones. Esta habilidad es crucial para su supervivencia en el Ártico, donde el hielo marino está en constante movimiento y derretimiento debido al cambio climático. Los osos polares dependen del hielo marino para cazar focas, su principal fuente de alimento. Sin embargo, el derretimiento del hielo está obligando a los osos polares a nadar distancias cada vez mayores, lo que representa un desafío para su supervivencia a largo plazo.

114

Las hormigas pueden levantar hasta 50 veces su propio peso

Las hormigas son criaturas increíblemente fuertes en relación con su tamaño, capaces de levantar y transportar objetos que pesan hasta 50 veces su propio peso corporal. Esta impresionante fuerza se debe a la estructura de sus músculos y su exoesqueleto, que les proporciona un excelente apalancamiento y eficiencia energética. Las hormigas utilizan esta fuerza para recolectar alimentos, construir y expandir sus nidos y defender su colonia. Además de su fuerza física, las hormigas son conocidas por su capacidad de trabajo en equipo y comunicación, lo que les permite coordinar sus esfuerzos de manera eficiente. Estas habilidades hacen de las hormigas una de las especies más exitosas y adaptables del planeta.

115

Los calamares gigantes tienen los ojos más grandes del reino animal

Los calamares gigantes poseen los ojos más grandes del reino animal, con un diámetro que puede alcanzar hasta 30 centímetros. Estos enormes ojos les permiten detectar la luz en las profundidades oscuras del océano, donde cazan presas como peces y otros calamares. La capacidad de ver en la oscuridad es crucial para su supervivencia en el entorno abisal, donde la luz solar no penetra. Los calamares gigantes también tienen cuerpos adaptados para la vida en las profundidades, con aletas y tentáculos que les permiten moverse rápidamente y capturar presas con precisión. Su tamaño y adaptaciones únicas los convierten en uno de los depredadores más formidables del océano profundo.

116

Las hojas de los árboles cambian de color en otoño debido a la pérdida de clorofila

En otoño, las hojas de muchos árboles cambian de color debido a la degradación de la clorofila, el pigmento responsable del color verde y la fotosíntesis. A medida que los días se acortan y las temperaturas bajan, los árboles comienzan a prepararse para el invierno y dejan de producir clorofila. Esto permite que otros pigmentos en las hojas, como los carotenoides (que producen colores amarillos y naranjas) y las antocianinas (que producen colores rojos y púrpuras), se hagan visibles. Este cambio de color es un proceso natural que ayuda a los árboles a conservar energía durante los meses fríos y crea los hermosos paisajes otoñales que muchos disfrutan.

117

El ojo de un avestruz es más grande que su cerebro

El ojo de un avestruz es más grande que su cerebro, lo que lo convierte en el ojo más grande de cualquier animal terrestre. Los ojos de los avestruces miden aproximadamente 5 centímetros de diámetro, lo que les proporciona una visión excelente y les permite detectar depredadores desde grandes distancias en las vastas llanuras donde viven. Esta agudeza visual es crucial para su supervivencia, ya que les permite vigilar constantemente su entorno en busca de amenazas.

118

Los océanos contienen más del 90% del calor acumulado por el cambio climático

Los océanos del mundo actúan como enormes amortiguadores del cambio climático al absorber más del 90% del exceso de calor generado por el aumento de los gases de efecto invernadero desde la era industrial. Esta capacidad de almacenamiento de calor tiene importantes consecuencias para el clima global y los ecosistemas marinos. A medida que los océanos se calientan, se producen cambios en las corrientes oceánicas, el nivel del mar aumenta debido a la expansión térmica del agua, y se afectan los patrones de precipitaciones y las temperaturas atmosféricas. Además, el calentamiento de los océanos provoca la decoloración y muerte de los corales, altera los hábitats de numerosas especies marinas y contribuye a la fusión de los glaciares y capas de hielo. Los océanos también desempeñan un papel crucial en la regulación del dióxido de carbono, absorbiendo aproximadamente un tercio del CO2 emitido por las actividades humanas. Este proceso de absorción de CO2, aunque beneficioso para reducir la concentración de gases de efecto invernadero en la atmósfera, también causa la acidificación del agua marina, lo que tiene efectos adversos en la vida marina, especialmente en organismos calcificadores como corales y moluscos.

119

Los tiburones son más antiguos que los dinosaurios

Los tiburones han existido por más de 400 millones de años, lo que los hace más antiguos que los dinosaurios, que aparecieron hace unos 230 millones de años. Estos antiguos depredadores han sobrevivido a varias extinciones masivas y han evolucionado en una amplia variedad de formas y tamaños. Los tiburones tienen esqueletos hechos de cartílago en lugar de hueso, lo que les proporciona flexibilidad y ligereza. Su diseño eficiente y adaptabilidad les han permitido prosperar en casi todos los océanos del mundo. La larga historia evolutiva de los tiburones es un testimonio de su éxito como depredadores y su capacidad para adaptarse a cambios ambientales significativos.

120

La selva amazónica produce el 20% del oxígeno del mundo

La selva amazónica, a menudo llamada "el pulmón del planeta", produce aproximadamente el 20% del oxígeno de la Tierra. Esta vasta selva tropical, que abarca más de 6.7 millones de kilómetros cuadrados en América del Sur, alberga una increíble biodiversidad y juega un papel crucial en la regulación del clima global. La fotosíntesis realizada por las innumerables plantas y árboles de la Amazonía libera oxígeno y absorbe dióxido de carbono, ayudando a mitigar el cambio climático. La conservación de la selva amazónica es esencial no solo para proteger su rica biodiversidad, sino también para mantener la salud ambiental del planeta y el equilibrio atmosférico.

Cine

121

La primera película de la historia se realizó en 1888

La primera película de la historia, "Roundhay Garden Scene" (Escena del jardín de Roundhay), fue filmada por Louis Le Prince el 14 de octubre de 1888. Esta breve película de solo 2.11 segundos muestra a cuatro personas caminando en el jardín de la familia Whitley en Roundhay, Leeds, Inglaterra. Aunque es extremadamente corta, esta película es un hito en la historia del cine y marca el comienzo de la era cinematográfica.

122

El personaje de James Bond ha sido interpretado por 7 actores diferentes

Desde la primera película de James Bond, "Dr. No" en 1962, el icónico espía británico ha sido interpretado por siete actores diferentes: Sean Connery, George Lazenby, Roger Moore,

Timothy Dalton, Pierce Brosnan, Daniel Craig y David Niven (en la parodia "Casino Royale" de 1967). Cada actor ha aportado su propio estilo y carisma al personaje, contribuyendo al legado duradero de la franquicia.

123

"Lo que el viento se llevó" es la película más taquillera si se ajusta su recaudación en valor actuales

"Lo que el viento se llevó" (1939), dirigida por Victor Fleming, es la película más taquillera de todos los tiempos cuando se ajusta por inflación. Esta épica película sobre la Guerra Civil estadounidense recaudó más de 3.7 mil millones de dólares ajustados por inflación, superando a otras películas de gran éxito como "Avatar" o "Titanic".

124

"Ciudadano Kane" es considerada la mejor película de todos los tiempos

"Ciudadano Kane" (1941), dirigida por Orson Welles, es frecuentemente citada como la mejor película de todos los tiempos por críticos y cineastas. La película es conocida por su innovador uso de la narrativa no lineal, la cinematografía avanzada y las actuaciones impresionantes. Su estructura revolucionaria y técnica cinematográfica han influido en generaciones de cineastas.

125

La película más larga de la historia dura más de 35 días

La película "Logistics" (2012) tiene una duración de 857 horas (35 días y 17 horas), lo que la convierte en la película más larga jamás realizada. Esta película experimental fue creada por Erika Magnusson y Daniel Andersson y documenta el ciclo de vida de un producto desde su fabricación en China hasta su venta en Suecia en tiempo real.

126

"El Padrino" casi fue dirigido por otro director

Antes de que Francis Ford Coppola fuera contratado para dirigir "El Padrino" (1972); la adaptación de la novela de Mario Puzo, el estudio consideró a varios otros directores, incluyendo a Sergio Leone y Peter Bogdanovich. Coppola finalmente fue seleccionado y su dirección magistral convirtió a "El Padrino" en una de las películas más aclamadas y queridas de la historia del cine.

127

"Avatar" tardó más de 10 años en hacerse

James Cameron comenzó a trabajar en "Avatar" en 1994, pero la tecnología para realizar su visión no estaba disponible en ese momento. El desarrollo y la producción de la película tardaron más de 10 años, y finalmente se estrenó en 2009. "Avatar" utilizó innovadoras técnicas de captura de movimiento y CGI (Imágenes Generadas por Computadora), y se convirtió en una de las películas más taquilleras de todos los tiempos, recaudando más de 2.8 mil millones de dólares.

128

"Star Wars" fue rechazada por varios estudios antes de ser aceptada

George Lucas tuvo dificultades para encontrar un estudio que respaldara "Star Wars" (1977). La película fue rechazada por varios estudios, incluyendo United Artists, Universal Pictures y Disney, antes de que 20th Century Fox aceptara financiarla. "Star Wars" se convirtió en un fenómeno cultural y una de las franquicias más exitosas de la historia del cine.

129

El león de la MGM es el mismo desde 1957

El icónico león que ruge al inicio de las películas de MGM ha sido una constante desde 1957. Su nombre es Leo y es el séptimo león utilizado por el estudio desde que comenzaron a usar un león rugiente como su logotipo en 1917. Leo ha aparecido en el logotipo de MGM más tiempo que cualquier otro león.

130

"El mago de Oz" fue la primera película en usar Technicolor

"El mago de Oz" (1939) no fue la primera película en usar Technicolor, pero sí fue la más influyente en popularizar esta tecnología. La transición de las escenas en blanco y negro de Kansas a las vibrantes escenas en Technicolor de Oz impresionó a las audiencias y demostró el potencial del color en el cine.

131

Alfred Hitchcock nunca ganó un Oscar a Mejor Director

A pesar de ser uno de los directores más influyentes y aclamados de la historia del cine, Alfred Hitchcock nunca ganó un Oscar a Mejor Director. Fue nominado cinco veces, pero nunca ganó. Sin embargo, en 1968, recibió el Premio en Memoria de Irving Thalberg por su contribución a la industria cinematográfica.

132

"Titanic" es la única película que ganó 11 Oscars sin obtener el de actuación

"Titanic" (1997), dirigida por James Cameron, ganó 11 premios Oscar, incluyendo Mejor Película y Mejor Director. Sin embargo, a pesar de su gran éxito en la ceremonia de los Oscar, no ganó en ninguna de las categorías de actuación. Kate Winslet y Gloria Stuart fueron nominadas, pero no ganaron.

133

"Psicosis" fue la primera película en mostrar un inodoro

"Psicosis" (1960), dirigida por Alfred Hitchcock, fue la primera película estadounidense en mostrar un inodoro en funcionamiento. La escena en la que Marion Crane tira de la cadena se considera un momento innovador en el cine por su realismo y porque rompió tabúes en la representación de elementos cotidianos.

134

"Toy Story" fue la primera película completamente animada por computadora

"Toy Story" (1995), producida por Pixar y distribuida por Disney, fue la primera película completamente animada por computadora en la historia del cine. La película marcó un hito en la animación y abrió el camino para el desarrollo de la animación por computadora como una forma dominante de producción de películas animadas.

135

"Parásitos" fue la primera película en lengua extranjera en ganar el Oscar a Mejor Película

En 2020, "Parásitos", dirigida por Bong Joon-ho, se convirtió en la primera película en lengua extranjera en ganar el Oscar a Mejor Película. La película surcoreana también ganó en las categorías de Mejor Director, Mejor Guión Original y Mejor Película Internacional, haciendo historia en la Academia de las Artes y las Ciencias Cinematográficas.

136

La película más cara jamás hecha es "Piratas del Caribe: En mareas misteriosas"

"Piratas del Caribe: En mareas misteriosas" (2011) es la película más cara jamás producida, con un presupuesto estimado de 379 millones de dólares. La cuarta entrega de la franquicia "Piratas del Caribe" utilizó una gran cantidad de efectos especiales, locaciones exóticas y un elenco estelar, lo que contribuyó a su elevado costo.

137

La escena del tren en "Sherlock Jr." no fue un truco de cámara

En la película "Sherlock Jr." (1924), protagonizada por Buster Keaton, hay una famosa escena en la que Keaton corre hacia un tren en movimiento y lo evade en el último segundo. Esta peligrosa acrobacia fue realizada sin trucos de cámara ni efectos especiales, y Keaton la ejecutó personalmente. Su habilidad física y valentía le ganaron una reputación como uno de los mejores actores de cine mudo.

138

La frase "Frankly, my dear, I don't give a damn" fue controvertida en su época

La famosa frase de Rhett Butler en "Lo que el viento se llevó" (1939), "Frankly, my dear, I don't give a damn" (Francamente, querida, me importa un bledo), causó controversia en su tiempo debido al uso de la palabra "damn". La Motion Picture Production Code, que regulaba el contenido de las películas, inicialmente prohibió la frase, pero finalmente permitió su uso debido a su importancia en la trama. La línea se ha convertido en una de las más icónicas de la historia del cine.

139

"Ben-Hur" ganó 11 premios Oscar, un récord no superado hasta 1997

"Ben-Hur" (1959), dirigida por William Wyler, ganó 11 premios Oscar, incluyendo Mejor Película, Mejor Director y Mejor Actor. Este récord no fue igualado hasta 1997, cuando "Titanic" también ganó 11 premios, y luego nuevamente en 2003 por "El Señor de los Anillos: El retorno del Rey". "Ben-Hur" es conocido por sus espectaculares escenas de acción y su épica carrera de cuadrigas.

140

El Festival de Cine de Cannes es uno de los más prestigiosos del mundo

El Festival de Cine de Cannes, fundado en 1946, es uno de los festivales de cine más prestigiosos y famosos del mundo. Celebrado anualmente en Cannes, Francia, el festival atrae a cineastas, actores y críticos de todo el mundo. La Palma de Oro, el premio más alto del festival, es uno de los galardones más codiciados en la industria cinematográfica. Cannes ha sido el escenario del estreno de muchas películas influyentes y ha

jugado un papel crucial en el lanzamiento de carreras
cinematográficas internacionales.

Deporte

141

El fútbol es el deporte más popular del mundo

Con más de 4 mil millones de seguidores en todo el mundo, el fútbol (soccer) es el deporte más popular. Este deporte se juega en prácticamente todos los países, y eventos como la Copa Mundial de la FIFA atraen a cientos de millones de espectadores.

142

El maratón tiene su origen en una antigua leyenda griega

El maratón se inspira en la leyenda del mensajero griego Filípides, quien corrió aproximadamente 42 kilómetros desde la ciudad de Maratón hasta Atenas para anunciar la victoria griega sobre los persas en la batalla de Maratón.

143

Michael Phelps tiene más medallas olímpicas que 161 países

El nadador estadounidense Michael Phelps ha ganado un total de 28 medallas olímpicas, 23 de ellas de oro. Este impresionante logro lo convierte en el atleta olímpico más condecorado de todos los tiempos, superando el total de medallas de 161 países.

144

El cricket es el segundo deporte más popular del mundo

El cricket es el segundo deporte más popular, con más de 2.5 mil millones de seguidores, principalmente en países como India, Pakistán, Australia, Inglaterra y Sudáfrica. La Copa Mundial de Cricket es uno de los eventos deportivos más vistos a nivel mundial.

145

El baloncesto fue inventado por un canadiense

El baloncesto fue inventado en 1891 por James Naismith, un profesor de educación física canadiense. Naismith creó el juego para mantener a sus estudiantes activos durante el invierno, utilizando una pelota de fútbol y canastas de melocotones como los primeros aros.

146

La Copa Mundial de la FIFA es el evento deportivo más visto del planeta

La Copa Mundial de la FIFA es el evento deportivo más visto a nivel mundial, con más de 3.5 mil millones de personas sintonizando el torneo. La final de la Copa Mundial de 2018, por ejemplo, atrajo a más de mil millones de espectadores en todo el mundo.

147

El Super Bowl es el evento más visto en la televisión estadounidense

El Super Bowl, la final del campeonato de la NFL, es el evento televisivo más visto en los Estados Unidos cada año. Millones de personas sintonizan no solo para ver el partido, sino también los famosos comerciales y el espectáculo de medio tiempo.

148

Roger Federer ha ganado 20 títulos de Grand Slam en tenis

El tenista suizo Roger Federer ha ganado un total de 20 títulos de Grand Slam, uno de los logros más impresionantes en la historia del tenis. Su talento, longevidad y deportividad lo han convertido en una leyenda del deporte.

149

El Tour de Francia es la carrera de ciclismo más prestigiosa

El Tour de Francia, fundado en 1903, es la carrera de ciclismo más prestigiosa y difícil del mundo. Los ciclistas recorren más de 3,500 kilómetros en un período de tres semanas, enfrentando terrenos montañosos y condiciones climáticas adversas.

150

Los Juegos Olímpicos modernos se celebraron por primera vez en 1896

Los Juegos Olímpicos modernos, inspirados en los antiguos Juegos Olímpicos griegos, se celebraron por primera vez en Atenas, Grecia, en 1896. Este evento marcó el inicio de una tradición que continúa reuniendo a atletas de todo el mundo cada cuatro años.

151

Usain Bolt es el hombre más rápido del mundo

El velocista jamaicano Usain Bolt ostenta el récord mundial en los 100 metros y 200 metros. Con un tiempo de 9.58 segundos en los 100 metros, Bolt es conocido como el hombre más rápido del mundo y ha ganado múltiples medallas de oro olímpicas.

152

El rugby se originó de una versión del fútbol

El rugby tiene sus orígenes en una versión del fútbol que se jugaba en la Escuela de Rugby en Inglaterra. Según la leyenda, el deporte nació en 1823 cuando un estudiante llamado William

Webb Ellis decidió correr con la pelota en las manos durante un partido de fútbol.

153

La Serie Mundial de Béisbol no siempre ha incluido equipos fuera de los Estados Unidos

La Serie Mundial de Béisbol, que decide el campeón de las Grandes Ligas de Béisbol (MLB), no siempre ha incluido equipos fuera de los Estados Unidos. Sin embargo, con la inclusión de los Toronto Blue Jays en 1977, la Serie Mundial ahora puede incluir equipos de Canadá.

154

El ajedrez es considerado un deporte por el Comité Olímpico Internacional

El ajedrez es reconocido como un deporte por el Comité Olímpico Internacional (COI). Este juego de estrategia y habilidades mentales se juega competitivamente en torneos de todo el mundo y tiene una gran base de seguidores.

155

La lucha libre profesional es especialmente popular en México y Japón

La lucha libre profesional, conocida como "lucha libre" en México y "puroresu" en Japón, es extremadamente popular en estos países. En México, la lucha libre es conocida por sus coloridos enmascarados y su estilo acrobático.

156

La Fórmula 1 es la competición de automovilismo más prestigiosa del mundo

La Fórmula 1, fundada en 1950, es la competición de automovilismo más prestigiosa y tecnológicamente avanzada del mundo. Los equipos de F1 gastan millones de dólares en desarrollar coches que pueden alcanzar velocidades superiores a los 350 km/h.

157

El hockey sobre hielo es el deporte nacional de Canadá

El hockey sobre hielo es el deporte nacional de invierno de Canadá y es extremadamente popular en el país. La National Hockey League (NHL), que incluye equipos canadienses y estadounidenses, es la liga de hockey más importante del mundo.

158

El balonmano es un deporte popular en Europa

El balonmano, un deporte que combina elementos del fútbol y el baloncesto, es muy popular en Europa. Este deporte de equipo se juega en una cancha cubierta y es especialmente popular en países como Alemania, Dinamarca, Francia y España.

159

El golf es uno de los deportes más antiguos, con orígenes en el siglo XV

El golf es uno de los deportes más antiguos que todavía se juega hoy en día. Se originó en Escocia en el siglo XV, y el Old Course en St Andrews es uno de los campos de golf más antiguos y famosos del mundo. El golf es conocido por su elegancia y complejidad.

160

El MMA combina técnicas de diversas artes marciales

Las Artes Marciales Mixtas (MMA) son un deporte de combate que combina técnicas de diversas disciplinas, incluyendo el boxeo, el jiu-jitsu brasileño, el judo, el karate y el muay thai. Las peleas de MMA se llevan a cabo en un octágono y son conocidas por su intensidad y habilidad técnica.

Espacio

161

Las estrellas de neutrones son los objetos más densos del universo

Las estrellas de neutrones son increíblemente densas, formadas por los restos colapsados de supernovas. Una sola cucharadita de materia de una estrella de neutrones pesaría alrededor de mil millones de toneladas en la Tierra. Estas estrellas tienen un diámetro de solo unos 20 kilómetros, pero contienen una masa comparable a la del Sol. La densidad extrema de las estrellas de neutrones se debe a la compresión de los protones y electrones en neutrones durante la explosión de la supernova, lo que resulta en una esfera casi completamente hecha de neutrones. Estas estrellas tienen campos magnéticos increíblemente fuertes y pueden girar a velocidades extremadamente altas, hasta cientos de veces por segundo, emitiendo pulsos de radiación detectables desde la Tierra. Estos pulsos se observan como pulsos regulares de luz, radio ondas o rayos X, conocidos como púlsares.

162

Hay más estrellas en el universo observable que granos de arena en todas las playas de la Tierra

El universo observable contiene aproximadamente 100 mil millones de galaxias, cada una con un promedio de 100 mil millones de estrellas. Esto suma un total de alrededor de 10^22 a 10^24 estrellas, una cantidad que supera con creces el número de granos de arena en todas las playas de la Tierra. Cada estrella puede variar en tamaño, masa y brillo, desde enanas rojas pequeñas y frías hasta gigantes azules masivas y calientes. El vasto número de estrellas sugiere la posibilidad de que muchas de ellas tengan sistemas planetarios, aumentando la probabilidad de encontrar exoplanetas y, potencialmente, vida extraterrestre.

163

El agujero negro más grande conocido tiene una masa de 40 mil millones de soles

El agujero negro más grande conocido, TON 618, es un cuásar supermasivo con una masa de aproximadamente 40 mil millones de veces la del Sol. Este agujero negro se encuentra en el centro de una galaxia a unos 10.4 mil millones de años luz de la Tierra. Los agujeros negros supermasivos como TON 618 se forman en los núcleos de las galaxias y juegan un papel crucial en la evolución de las galaxias. La masa extrema de TON 618 crea una fuerza gravitacional tan intensa que nada, ni siquiera la luz, puede escapar de ella. Los agujeros negros supermasivos también son responsables de fenómenos energéticos como los jets relativistas, que emiten enormes cantidades de radiación en el espacio.

164

La Vía Láctea y Andrómeda colisionarán en unos 4,5 mil millones de años

La Vía Láctea, nuestra galaxia, y la galaxia de Andrómeda están en rumbo de colisión y se espera que se fusionen en unos 4,5 mil millones de años. Esta colisión galáctica resultará en la formación de una nueva galaxia elíptica gigante. Aunque las distancias entre las estrellas dentro de cada galaxia son enormes, la gravedad de cada galaxia distorsionará y remodelará ambas estructuras. Este evento galáctico afectará los sistemas estelares y puede desencadenar nuevas olas de formación estelar. Sin embargo, es improbable que las estrellas individuales choquen entre sí debido a las vastas distancias que las separan. La fusión de la Vía Láctea y Andrómeda es parte del ciclo natural de la evolución galáctica y proporciona una oportunidad única para estudiar estos procesos. Las simulaciones por computadora de este evento ayudan a los astrónomos a comprender mejor la dinámica de las fusiones galácticas y sus efectos a largo plazo en las estructuras cósmicas. Esta colisión también influirá en la posición y movimiento del Sistema Solar dentro de la nueva galaxia, aunque no se espera que tenga un impacto significativo en la vida en la Tierra debido a los largos plazos involucrados.

165

El espacio no es completamente vacío

El espacio exterior, aunque se considera un vacío, no está completamente vacío. Contiene partículas de gas, polvo cósmico, radiación y campos magnéticos, aunque en densidades extremadamente bajas. En las regiones más vacías del espacio, puede haber solo unos pocos átomos por metro cúbico, pero estas partículas pueden tener un impacto significativo en la formación de estrellas y galaxias. El medio interestelar, compuesto de gas y polvo, juega un papel crucial en la formación de estrellas, ya que las nubes densas de gas pueden colapsar bajo la gravedad para formar nuevas estrellas. Además, el espacio intergaláctico contiene gas caliente y filamentos de materia oscura que forman la estructura a gran escala del universo. La radiación cósmica de fondo, el remanente del Big Bang, también permea todo el espacio y proporciona una evidencia crucial sobre los orígenes y la evolución del universo.

166

La luz del Sol tarda 8 minutos y 20 segundos en llegar a la Tierra

La luz del Sol viaja a una velocidad de aproximadamente 299,792 kilómetros por segundo y tarda 8 minutos y 20 segundos en recorrer la distancia de 149.6 millones de kilómetros hasta la Tierra. Esta distancia se conoce como una unidad astronómica (UA). La velocidad de la luz es una constante fundamental en la física y juega un papel crucial en nuestra comprensión del universo. La luz solar proporciona la energía necesaria para la vida en la Tierra, impulsando la fotosíntesis en las plantas y afectando los sistemas climáticos y meteorológicos. Además, la velocidad de la luz es utilizada por los astrónomos para medir distancias en el universo y calcular la edad y tamaño de objetos celestes. La luz de las estrellas y galaxias distantes que vemos en el cielo nocturno ha viajado miles o incluso millones de años para llegar a nosotros, lo que significa que estamos observando estos objetos tal como eran en el pasado. Este principio, conocido como "la mirada hacia atrás en el tiempo", permite a los científicos estudiar la historia y evolución del cosmos.

Saturno tiene la mayor cantidad de lunas en el Sistema Solar

Saturno, el sexto planeta desde el Sol, tiene el mayor número de lunas conocidas en el Sistema Solar, con un total de 82. Estas lunas varían en tamaño desde pequeñas lunas de menos de un kilómetro de diámetro hasta Titán, la segunda luna más grande del Sistema Solar, más grande que el planeta Mercurio. Las lunas de Saturno son diversas en composición y características, algunas de ellas tienen océanos subsuperficiales de agua líquida, como Encélado, que tiene géiseres que expulsan agua y otros materiales al espacio desde su polo sur. Titán, la luna más grande de Saturno, tiene una atmósfera densa y lagos y ríos de metano y etano líquidos, lo que lo convierte en un objeto de gran interés para los científicos que estudian la química prebiótica y la posibilidad de vida extraterrestre. Las lunas de Saturno también interactúan con los anillos del planeta, creando estructuras y ondas en los anillos debido a sus influencias gravitacionales.

168

La Gran Mancha Roja de Júpiter es una tormenta más grande que la Tierra

La Gran Mancha Roja de Júpiter es una gigantesca tormenta anticiclónica situada en el hemisferio sur del planeta, con un diámetro de aproximadamente 16,350 kilómetros, lo que la hace más grande que la Tierra. Esta tormenta ha existido durante al menos 350 años, desde que fue observada por primera vez por telescopios en el siglo XVII. La Gran Mancha Roja es conocida por sus vientos extremadamente rápidos, que pueden alcanzar velocidades de hasta 432 kilómetros por hora. La coloración rojiza de la tormenta es causada por compuestos químicos en la atmósfera de Júpiter, aunque los detalles exactos de su composición y la razón de su longevidad siguen siendo objeto de estudio. La Gran Mancha Roja es solo una de las muchas características atmosféricas dinámicas de Júpiter, que incluye bandas de nubes, otras tormentas y ciclones en ambos hemisferios.

169

Los exoplanetas pueden tener condiciones muy diferentes a las de la Tierra

Los exoplanetas, planetas que orbitan estrellas fuera de nuestro Sistema Solar, pueden tener condiciones muy diferentes a las de la Tierra. Desde su descubrimiento en la década de 1990, los astrónomos han identificado miles de exoplanetas utilizando diversos métodos, como el tránsito y la velocidad radial. Estos planetas varían en tamaño, composición y distancia de sus estrellas, lo que resulta en una amplia gama de condiciones superficiales y atmosféricas. Algunos exoplanetas son gigantes gaseosos similares a Júpiter y Saturno, mientras que otros son mundos rocosos comparables a la Tierra. Algunos exoplanetas orbitan tan cerca de sus estrellas que sus superficies están fundidas, mientras que otros están en órbitas extremadamente distantes y son fríos y oscuros. La búsqueda de exoplanetas habitables, aquellos que se encuentran en la zona habitable de sus estrellas donde el agua líquida podría existir, es una prioridad para los astrónomos.

170

El Universo se está expandiendo

El universo se está expandiendo, una idea confirmada por Edwin Hubble en la década de 1920 cuando descubrió que las galaxias se alejaban unas de otras, lo que sugiere que el universo se expande. Este descubrimiento llevó al desarrollo de la teoría del Big Bang, que propone que el universo comenzó como un punto extremadamente caliente y denso hace unos 13.8 mil millones de años y ha estado expandiéndose desde entonces. La expansión del universo implica que las galaxias se están alejando unas de otras, y cuanto más lejos están, más rápido se alejan. Este fenómeno se conoce como la ley de Hubble-Lemaître. La expansión del universo también está acelerando, un hecho descubierto en la década de 1990 y atribuido a una misteriosa fuerza conocida como energía oscura. La energía oscura constituye aproximadamente el 68% del universo y su naturaleza sigue siendo uno de los mayores enigmas en la cosmología moderna. La expansión del universo tiene implicaciones profundas para su destino final. Dependiendo de la cantidad de materia y energía oscura, el universo podría continuar expandiéndose indefinidamente, eventualmente llevando a un "gran congelamiento" donde las estrellas se apaguen y el universo se vuelva oscuro y frío. Alternativamente, si la densidad de materia es lo suficientemente alta, la gravedad podría eventualmente detener y revertir la expansión, llevando a un "gran colapso". La investigación en cosmología continúa explorando estos escenarios y buscando comprender la naturaleza fundamental del cosmos.

171

Hay planetas errantes en el espacio interestelar

Los planetas errantes, también conocidos como planetas interestelares o planetas huérfanos, son cuerpos celestes que no orbitan ninguna estrella y vagan libremente por el espacio interestelar. Estos planetas pueden haberse formado alrededor de estrellas y luego haber sido expulsados de sus sistemas planetarios por interacciones gravitacionales con otros planetas o estrellas. Alternativamente, algunos planetas errantes podrían haberse formado de manera independiente a partir del colapso de nubes de gas y polvo, similar a la formación de estrellas, pero sin alcanzar la masa necesaria para iniciar la fusión nuclear. La detección de planetas errantes es extremadamente difícil debido a la falta de luz estelar reflejada, pero los astrónomos utilizan técnicas como la microlente gravitacional para identificarlos. La existencia de planetas errantes sugiere que puede haber muchos más planetas en la galaxia de los que se pueden detectar directamente.

172

La temperatura más baja en el espacio exterior es el cero absoluto

La temperatura más baja posible en el universo es el cero absoluto, que es 0 grados Kelvin, o -273.15 grados Celsius. En esta temperatura, el movimiento molecular cesa completamente. En el espacio profundo, lejos de cualquier estrella o fuente de calor, las temperaturas pueden acercarse a esta cifra extrema. La radiación cósmica de fondo, el remanente del Big Bang, mantiene una temperatura base de aproximadamente 2.7 grados Kelvin en todo el universo. Esta radiación de fondo es omnipresente y se encuentra en todas las direcciones del espacio, proporcionando una evidencia fundamental para el modelo del Big Bang de la cosmología. La investigación sobre el comportamiento de la materia a temperaturas extremadamente bajas ha llevado a descubrimientos significativos en la física, como el fenómeno de la superconductividad y la superfluidez.

173

La Estación Espacial Internacional es el objeto más grande hecho por el hombre en el espacio

La Estación Espacial Internacional (EEI) es el objeto más grande jamás construido en el espacio. Con una longitud de 109 metros y un peso de aproximadamente 420 toneladas métricas, la EEI es un laboratorio orbital que orbita la Tierra a una altitud de aproximadamente 400 kilómetros. La construcción de la EEI comenzó en 1998 y ha sido una colaboración internacional entre NASA, Roscosmos, ESA, JAXA y CSA. La EEI sirve como un laboratorio de microgravedad donde los astronautas y científicos realizan investigaciones en biología, física, astronomía y otras disciplinas. Las condiciones de microgravedad permiten experimentos que no serían posibles en la Tierra y han llevado a avances en la medicina, los materiales y la comprensión del envejecimiento y la fisiología humana. La EEI también juega un papel crucial en la preparación para futuras misiones de exploración espacial, como el retorno a la Luna y las misiones tripuladas a Marte. La vida a bordo de la EEI requiere una cooperación internacional continua y ha fomentado una mayor colaboración en la exploración espacial y la ciencia entre las naciones.

174

El cinturón de Kuiper alberga objetos helados más allá de Neptuno

El cinturón de Kuiper es una región del Sistema Solar que se extiende más allá de la órbita de Neptuno, desde aproximadamente 30 a 55 unidades astronómicas del Sol. Esta región contiene una gran cantidad de objetos helados y es el hogar de planetas enanos como Plutón, Haumea, Makemake y Eris. Los objetos del cinturón de Kuiper (KBO) son remanentes de la formación del Sistema Solar y están compuestos principalmente de hielo de agua, amoníaco y metano. El estudio de estos objetos proporciona información crucial sobre las condiciones y procesos que prevalecían en el Sistema Solar primitivo. Las misiones espaciales, como New Horizons de la NASA, que sobrevoló Plutón en 2015, han proporcionado imágenes y datos detallados sobre estos mundos distantes, revelando paisajes complejos y actividad geológica inesperada. El cinturón de Kuiper también es la fuente de algunos cometas de periodo corto que visitan el Sistema Solar interior.

175

Los quásares son algunos de los objetos más brillantes del universo

Los quásares son núcleos galácticos activos extremadamente luminosos alimentados por agujeros negros supermasivos en el centro de galaxias distantes. La luz de los quásares puede ser miles de veces más brillante que la de galaxias enteras, y su energía proviene de la materia que cae en el agujero negro, formando un disco de acreción caliente. Los quásares emiten energía en forma de luz visible, rayos X, rayos gamma y ondas de radio, y son observables a distancias extremadamente grandes, lo que los convierte en algunas de las fuentes más lejanas de información sobre el universo primitivo. El estudio de los quásares proporciona información sobre la formación y crecimiento de los agujeros negros supermasivos, la evolución de las galaxias y las condiciones en el universo temprano.

176

La materia oscura constituye aproximadamente el 27% del universo

La materia oscura es una forma de materia que no emite, absorbe ni refleja luz, lo que la hace invisible y detectable solo a través de sus efectos gravitacionales. Constituye aproximadamente el 27% del universo, mientras que la materia ordinaria, como estrellas y planetas, constituye solo el 5%. El resto del contenido del universo está compuesto por energía oscura. La existencia de la materia oscura se infiere a partir de observaciones de la rotación de las galaxias, la distribución de galaxias en cúmulos y el lente gravitacional, donde la luz de objetos distantes se curva alrededor de una masa invisible. La naturaleza exacta de la materia oscura sigue siendo uno de los mayores misterios en la física y la cosmología. Diversos experimentos y observaciones, como los realizados por telescopios y detectores de partículas, están en curso para identificar las partículas que constituyen la materia oscura. Comprender la materia oscura es crucial para una visión completa del universo y su evolución, ya que su presencia influye en la formación de estructuras cósmicas desde escalas galácticas hasta el cosmos a gran escala.

177

La energía oscura está acelerando la expansión del universo

La energía oscura es una forma de energía que constituye aproximadamente el 68% del universo y es responsable de la aceleración de la expansión cósmica. Este descubrimiento, realizado a finales de la década de 1990 a través de observaciones de supernovas distantes, revolucionó nuestra comprensión del cosmos. La naturaleza exacta de la energía oscura es desconocida, pero se cree que está relacionada con la constante cosmológica, una fuerza de repulsión que actúa contra la gravedad a grandes escalas. La aceleración de la expansión del universo implica que las galaxias se están alejando unas de otras a velocidades cada vez mayores, lo que afectará el destino final del universo. Diversos modelos cosmológicos están siendo desarrollados para explicar la energía oscura, incluyendo teorías que implican campos de energía dinámica o modificaciones de la teoría general de la relatividad de Einstein. La investigación sobre la energía oscura se lleva a cabo mediante observaciones de la estructura a gran escala del universo, estudios de supernovas y la radiación de fondo cósmico de microondas.

178

La paradoja de Fermi cuestiona la existencia de vida extraterrestre

La paradoja de Fermi, planteada por el físico Enrico Fermi en 1950, cuestiona la aparente contradicción entre la alta probabilidad de existencia de vida extraterrestre en la galaxia y la falta de evidencia de civilizaciones extraterrestres. Dados los miles de millones de estrellas en la Vía Láctea con planetas potencialmente habitables, Fermi se preguntó: "¿Dónde están

todos?". Varias posibles soluciones a la paradoja de Fermi han
sido propuestas, incluyendo la posibilidad de que las
civilizaciones avanzadas sean raras o se autodestruyan antes de
desarrollar tecnología para el viaje interestelar. Otra explicación
es que las civilizaciones extraterrestres pueden no querer
comunicarse o pueden estar utilizando métodos de
comunicación que aún no hemos detectado. La búsqueda de
vida extraterrestre continúa a través de programas como SETI
(Search for Extraterrestrial Intelligence), que busca señales de
radio y otras formas de comunicación provenientes de otras
civilizaciones.

179

Los anillos de Saturno están formados por partículas de hielo y roca

Los anillos de Saturno, los más espectaculares y extensos del
Sistema Solar, están compuestos principalmente de partículas de
hielo y roca de tamaños que varían desde pequeños granos de
polvo hasta fragmentos tan grandes como una casa. Estos
anillos se extienden hasta unos 282,000 kilómetros desde el
planeta y tienen un espesor promedio de solo 10 metros.
Aunque fueron observados por primera vez por Galileo Galilei
en 1610, los detalles de su composición y estructura fueron
revelados por las misiones espaciales Voyager y Cassini. Los

anillos reflejan la luz solar, lo que los hace visibles desde la Tierra a través de telescopios.

180

La Nebulosa del Águila contiene los icónicos Pilares de la Creación

La Nebulosa del Águila, también conocida como M16, es una vasta región de formación estelar en la constelación de la Serpiente, a unos 7,000 años luz de la Tierra. Dentro de esta nebulosa se encuentran los famosos Pilares de la Creación, enormes columnas de gas y polvo que se extienden por varios años luz. Capturados en una imagen icónica por el telescopio espacial Hubble en 1995, los Pilares de la Creación son áreas donde nuevas estrellas se están formando dentro de densos glóbulos de gas y polvo. La imagen de estos pilares ha inspirado a generaciones de astrónomos y entusiastas del espacio, mostrando el proceso dinámico y continuo de la creación estelar en el universo.

Lugares del mundo

181

La Gran Muralla China es la estructura más larga jamás construida por el hombre

La Gran Muralla China, construida entre el siglo III a.C. y el siglo XVII, se extiende por más de 21,196 kilómetros a través de diversas provincias del norte de China. Originalmente construida para proteger a las dinastías chinas de las invasiones de los nómadas del norte, la Gran Muralla es una de las siete Maravillas del Mundo. Su construcción involucró el trabajo de millones de soldados, prisioneros y campesinos. La muralla está compuesta de varios materiales, incluyendo tierra compactada, ladrillos, piedra y madera, dependiendo de la región y el periodo de construcción. A lo largo de los siglos, la Gran Muralla ha sido objeto de numerosas restauraciones y reconstrucciones para preservar su estructura.

182

El Taj Mahal es un monumento al amor

El Taj Mahal, situado en Agra, India, es uno de los ejemplos más emblemáticos de la arquitectura mogola. Construido entre 1632 y 1653 por el emperador Shah Jahan en memoria de su esposa favorita, Mumtaz Mahal, el mausoleo es considerado una maravilla arquitectónica. El Taj Mahal está hecho de mármol blanco y está decorado con incrustaciones de piedras preciosas y semipreciosas. Sus jardines simétricos, la piscina reflectante y la mezquita adyacente añaden elegancia a su esplendor. El Taj Mahal es un símbolo del amor eterno y es reconocido como Patrimonio de la Humanidad por la UNESCO y también es una de las siete Maravillas del Mundo. Cada año, millones de turistas de todo el mundo visitan este monumento, atraídos por su belleza y la historia romántica que representa.

183

Machu Picchu es una ciudad inca escondida en los Andes

Machu Picchu, ubicada en Perú, es una antigua ciudad inca construida en el siglo XV. Redescubierta en 1911 por el explorador Hiram Bingham, Machu Picchu es conocida por su impresionante arquitectura y su ubicación en una cresta montañosa a 2,430 metros sobre el nivel del mar. La ciudad está compuesta por más de 150 edificios, incluyendo templos, santuarios, parques y casas. Machu Picchu es un ejemplo de la sofisticada ingeniería inca, con sistemas de terrazas agrícolas, canales de riego y estructuras de piedra que han resistido el paso del tiempo y los terremotos. Es un sitio arqueológico de gran importancia y uno de los destinos turísticos más visitados de América del Sur. En 1983, Machu Picchu fue declarado Patrimonio de la Humanidad por la UNESCO y, en 2007, fue nombrado una de las siete Maravillas del Mundo.

184

El Coliseo de Roma es un símbolo del poder del Imperio Romano

El Coliseo, también conocido como el Anfiteatro Flavio, es uno de los monumentos más famosos de Roma y un símbolo del poder y la grandeza del Imperio Romano. Construido entre los años 70 y 80 d.C., el Coliseo podía albergar a más de 50,000 espectadores. Fue utilizado para una variedad de eventos, incluyendo gladiadores, caza de animales, ejecuciones y recreaciones de batallas navales. Su diseño arquitectónico innovador incluye un complejo sistema de pasadizos y gradas, así como un mecanismo de toldo retráctil para proteger a los espectadores del sol. A pesar de haber sufrido daños por terremotos y saqueos, el Coliseo sigue siendo una de las estructuras antiguas mejor conservadas y es un destino turístico popular. En 1980, fue declarado Patrimonio de la Humanidad por la UNESCO.

185

La Estatua de la Libertad es un símbolo de libertad y democracia

La Estatua de la Libertad, situada en la Isla de la Libertad en el puerto de Nueva York, es un símbolo icónico de libertad y democracia. Fue un regalo del pueblo de Francia a los Estados Unidos en 1886 para conmemorar el centenario de la independencia estadounidense. Diseñada por el escultor francés Frédéric Auguste Bartholdi y construida por Gustave Eiffel, la estatua representa a una mujer que sostiene una antorcha en una mano y una tabla con la fecha de la Declaración de Independencia en la otra. La Estatua de la Libertad se ha convertido en un símbolo de bienvenida para los inmigrantes que llegan a Estados Unidos y es una de las atracciones turísticas más visitadas del país. En 1984, fue declarada Patrimonio de la Humanidad por la UNESCO y en 2007, fue reconocido como una de las siete Maravillas del Mundo.

186

Las Pirámides de Giza son las únicas maravillas antiguas que aún existen

Las Pirámides de Giza, situadas en las afueras de El Cairo, Egipto, son las únicas de las Siete Maravillas del Mundo Antiguo que aún existen. Construidas como tumbas para los faraones Keops, Kefrén y Micerino durante la cuarta dinastía (alrededor de 2580-2560 a.C.), estas pirámides son un testimonio de la ingeniería y la organización de la antigua civilización egipcia. La Gran Pirámide de Keops, la más grande de las tres, tiene una altura original de 146 metros y fue la estructura más alta del mundo durante más de 3,800 años. Las pirámides están rodeadas por otras estructuras importantes, como templos funerarios y pequeñas pirámides de reinas. El complejo de Giza es uno de los destinos turísticos más populares del mundo y fue declarado Patrimonio de la Humanidad por la UNESCO en 1979.

187

Petra es una ciudad tallada en roca en Jordania

Petra, conocida como la "Ciudad Rosa" debido al color de la piedra en la que está tallada, es uno de los sitios arqueológicos más impresionantes del mundo. Situada en Jordania, Petra fue la capital del antiguo reino nabateo y un importante centro de comercio en la región. Fundada alrededor del siglo IV a.C., la ciudad es famosa por sus monumentales fachadas talladas directamente en los acantilados de roca, incluyendo el Tesoro (Al-Khazneh), el Monasterio (Ad-Deir) y el Teatro. Petra fue redescubierta por el explorador suizo Johann Ludwig Burckhardt en 1812 y ha atraído a viajeros y arqueólogos desde entonces. La ciudad es un testimonio de la ingeniería y la arquitectura nabatea y fue declarada Patrimonio de la Humanidad por la UNESCO en 1985. En 2007, Petra fue nombrada una de las siete Maravillas del Mundo.

188

El Cristo Redentor es una de las estatuas más grandes del mundo

El Cristo Redentor, una estatua de Jesucristo con los brazos extendidos, se encuentra en la cima del Cerro del Corcovado en Río de Janeiro, Brasil. Con una altura de 30 metros (sin contar su pedestal de 8 metros) y una envergadura de brazos de 28 metros, es una de las estatuas más grandes del mundo. Inaugurada en 1931, la estatua fue diseñada por el ingeniero brasileño Heitor da Silva Costa y esculpida por el francés Paul Landowski. El Cristo Redentor es un símbolo de la fe cristiana y un ícono cultural de Brasil, visitado por millones de turistas cada año. En 2007, fue nombrada una de las siete Maravillas del Mundo.

189

Angkor Wat es el complejo religioso más grande del mundo

Angkor Wat, situado cerca de Siem Reap en Camboya, es el complejo religioso más grande del mundo y uno de los monumentos más importantes de la arquitectura jemer. Construido en el siglo XII por el rey Suryavarman II, Angkor Wat fue originalmente dedicado al dios hindú Vishnu antes de convertirse en un templo budista. El complejo abarca más de 162 hectáreas y está rodeado por un foso y una muralla. Angkor Wat es famoso por su arquitectura simétrica, sus intrincados bajorrelieves y sus torres en forma de loto. Este sitio es un testimonio de la riqueza y el poder del Imperio Jemer y fue declarado Patrimonio de la Humanidad por la UNESCO en 1992. Angkor Wat es uno de los destinos turísticos más visitados del sudeste asiático y una fuente de orgullo nacional para Camboya.

190

El Monte Everest es la montaña más alta del mundo

El Monte Everest, situado en la cordillera del Himalaya, es la montaña más alta del mundo, con una altitud de 8,848 metros sobre el nivel del mar. El Everest se encuentra en la frontera entre Nepal y la región autónoma del Tíbet en China. Conocido en nepalí como Sagarmatha y en tibetano como Chomolungma, el Everest ha atraído a alpinistas de todo el mundo desde que fue escalado por primera vez por Sir Edmund Hillary y Tenzing Norgay en 1953. Escalar el Everest es considerado uno de los mayores logros en el montañismo, aunque también es extremadamente peligrosa debido a las extremas condiciones climáticas, la altitud y el riesgo de avalanchas. Cada año, cientos de escaladores intentan llegar a la cima, enfrentando desafíos físicos y mentales en el proceso.

191

La Torre Eiffel es el monumento más visitado del mundo

La Torre Eiffel, situada en París, Francia, es uno de los monumentos más reconocibles y visitados del mundo. Construida por el ingeniero Gustave Eiffel como la entrada a la Exposición Universal de 1889, la torre tiene una altura de 324 metros y fue la estructura más alta del mundo hasta la finalización del edificio Chrysler en Nueva York en 1930. La Torre Eiffel es un ejemplo destacado de la ingeniería y el diseño del hierro forjado y ha sido un símbolo de la innovación y la modernidad desde su inauguración. Cada año, más de 7 millones de personas visitan la torre para disfrutar de sus vistas panorámicas de París. La Torre Eiffel es un icono cultural de Francia y un destino imperdible para los turistas que visitan la ciudad.

192

La Gran Pirámide de Chichén Itzá es una maravilla del mundo moderno

Chichén Itzá, situada en la península de Yucatán, México, es una antigua ciudad maya que alberga la impresionante Gran Pirámide, también conocida como el Templo de Kukulkán. Construida entre los siglos IX y XII, la pirámide tiene 30 metros de altura y 365 escalones, uno por cada día del año. Chichén Itzá fue un importante centro político, económico y religioso de la civilización maya y contiene otros monumentos notables, como el Templo de los Guerreros, el Juego de Pelota y el Cenote Sagrado. En 1988, Chichén Itzá fue declarada Patrimonio de la Humanidad por la UNESCO, y en 2007, la Gran Pirámide fue nombrada una de las siete Maravillas del Mundo.

193

La Acrópolis de Atenas es el símbolo de la civilización griega

La Acrópolis de Atenas, situada en una colina rocosa sobre la ciudad de Atenas, Grecia, es uno de los conjuntos arquitectónicos más importantes y emblemáticos de la civilización griega antigua. La Acrópolis alberga varios edificios históricos de gran importancia, incluyendo el Partenón, el Erecteón, el Templo de Atenea Niké y los Propileos. El Partenón, construido entre 447 y 432 a.C., es un templo dedicado a Atenea, la diosa protectora de la ciudad, y es considerado una obra maestra de la arquitectura dórica. La Acrópolis ha sido un lugar de culto y un símbolo de la democracia, la cultura y la civilización griega durante siglos. En 1987, la Acrópolis de Atenas fue declarada Patrimonio de la Humanidad por la UNESCO y sigue siendo un importante destino turístico y un símbolo del legado cultural griego.

194

El Palacio de Versalles es un ejemplo de opulencia y poder

El Palacio de Versalles, situado en Versalles, Francia, es uno de los palacios más grandes y opulentos del mundo. Originalmente un pabellón de caza construido por el rey Luis XIII en 1624, el palacio fue ampliado y transformado por su hijo, el rey Luis XIV, en el siglo XVII para convertirse en la residencia principal de la corte francesa. El palacio y sus jardines son un ejemplo impresionante del estilo barroco y rococó y simbolizan el poder absoluto y la grandeza de la monarquía francesa. El Salón de los Espejos, los apartamentos reales y los extensos jardines diseñados por André Le Nôtre son algunas de las características más destacadas del palacio. En 1979, el Palacio de Versalles fue declarado Patrimonio de la Humanidad por la UNESCO y es uno de los destinos turísticos más visitados de Francia.

195

La Alhambra es una joya de la arquitectura islámica

La Alhambra, situada en Granada, España, es un conjunto de palacios, fortalezas y jardines que representa uno de los ejemplos más destacados de la arquitectura islámica en Europa.

Construida entre los siglos XIII y XIV por los emires nazaríes, la Alhambra fue la residencia de la corte del Reino de Granada. El complejo incluye el Palacio de Comares, el Palacio de los Leones, la Alcazaba y los jardines del Generalife. La Alhambra es conocida por su exquisita decoración interior, que incluye estucos, azulejos, mocárabes y caligrafía árabe, así como por sus elaborados sistemas de agua y fuentes. En 1984, la Alhambra fue declarada Patrimonio de la Humanidad por la UNESCO y es uno de los destinos turísticos más importantes de España.

196

El Kremlin de Moscú es el corazón político de Rusia

El Kremlin de Moscú, situado en el centro de la capital rusa, es un complejo fortificado que alberga edificios gubernamentales, catedrales y palacios. El Kremlin ha sido el centro del poder político en Rusia desde el siglo XIV y es la residencia oficial del Presidente de Rusia. El complejo incluye la Catedral de la Asunción, el Gran Palacio del Kremlin, el Palacio de los Terems y la Armería del Kremlin. Las murallas y torres del Kremlin, construidas entre los siglos XV y XVI, son una característica icónica del paisaje de Moscú. En 1990, el Kremlin de Moscú y la Plaza Roja adyacente fueron declarados Patrimonio de la Humanidad por la UNESCO.

197

El Monte Fuji es el símbolo más icónico de Japón

El Monte Fuji, situado en la isla de Honshu, es el pico más alto de Japón, con una altitud de 3,776 metros. Este volcán activo, cuya última erupción fue en 1707-1708, es un símbolo nacional y cultural de Japón, conocido por su forma cónica casi perfecta y su belleza escénica. El Monte Fuji ha sido un lugar de peregrinación y una fuente de inspiración para artistas, poetas y visitantes durante siglos. En 2013, el Monte Fuji fue declarado Patrimonio de la Humanidad por la UNESCO por su importancia cultural y su influencia en el arte y la espiritualidad de los japoneses. Cada año, miles de personas ascienden al Monte Fuji durante la temporada de escalada para experimentar sus vistas panorámicas y su significado espiritual.

198

La Basílica de San Pedro es una obra maestra del Renacimiento

La Basílica de San Pedro, situada en la Ciudad del Vaticano, es una de las iglesias más grandes y famosas del mundo. Construida en el sitio donde se cree que fue enterrado San Pedro, uno de los apóstoles de Jesús y el primer papa, la basílica es un importante centro de peregrinación para los católicos. La construcción de la actual basílica comenzó en 1506 y se completó en 1626, con la participación de destacados artistas y arquitectos del Renacimiento, como Bramante, Miguel Ángel, Rafael y Bernini. La Basílica de San Pedro es conocida por su impresionante cúpula, diseñada por Miguel Ángel, y por sus numerosas obras de arte, incluyendo la Piedad de Miguel Ángel y el Baldaquino de Bernini. La basílica es un símbolo de la fe católica y un testimonio del esplendor artístico del Renacimiento.

199

La Ópera de Sídney es un icono de la arquitectura moderna

La Ópera de Sídney, situada en el puerto de Sídney, Australia, es uno de los edificios más reconocibles y emblemáticos del mundo. Diseñada por el arquitecto danés Jørn Utzon e inaugurada en 1973. La Ópera de Sídney es un ejemplo destacado de la arquitectura moderna y su diseño innovador y audaz ha sido aclamado internacionalmente. El edificio está compuesto por una serie de grandes velas blancas que parecen flotar sobre el puerto, creando una estructura visualmente impactante. La Ópera de Sídney alberga múltiples salas de espectáculos, incluyendo la Sala de Conciertos y el Teatro de Ópera, y es un centro cultural y artístico de gran importancia en

Australia. En 2007, la Ópera de Sídney fue declarada Patrimonio de la Humanidad por la UNESCO.

200

La Sagrada Familia es una obra maestra inacabada de Gaudí

La Basílica de la Sagrada Familia, situada en Barcelona, España, es una de las obras arquitectónicas más impresionantes y reconocidas del mundo. Diseñada por el arquitecto catalán Antoni Gaudí, la construcción de la Sagrada Familia comenzó en 1882 y aún no está terminada. La basílica es un ejemplo destacado del modernismo catalán y combina elementos góticos y Art Nouveau. La Sagrada Familia es conocida por sus fachadas decoradas, sus torres altas y su impresionante interior, que cuenta con columnas que se asemejan a árboles y vitrales de colores vibrantes. Gaudí dedicó gran parte de su vida a trabajar en la Sagrada Familia y es considerado su obra maestra. En 2005, la parte construida de la Sagrada Familia fue declarada Patrimonio de la Humanidad por la UNESCO. La basílica sigue siendo un importante símbolo religioso y cultural de Barcelona.

201

El Burj Khalifa es el edificio más alto del mundo

El Burj Khalifa, situado en Dubái, Emiratos Árabes Unidos, es el edificio más alto del mundo, con una altura de 828 metros. Inaugurado en 2010, el Burj Khalifa fue diseñado por el arquitecto Adrian Smith y construido por la empresa Skidmore, Owings & Merrill. El edificio cuenta con 163 pisos y alberga una variedad de instalaciones, incluyendo residencias de lujo, oficinas, hoteles y plataformas de observación. La construcción del Burj Khalifa requirió técnicas de ingeniería avanzadas y materiales de alta resistencia para soportar su altura récord. El edificio es un símbolo del rápido desarrollo y la ambición de Dubái y atrae a millones de turistas cada año que visitan para admirar las vistas panorámicas desde sus plataformas de observación.